AF536788

Robert Baumgartner

Blick hinter die Himmelstür

Was wir heute schon über das Jenseits wissen

Smaragd Verlag

Bitte fordern Sie unser kostenloses Verlagsverzeichnis an:

Smaragd Verlag e.K.
Brückenstraße 25
D-56269 Dierdorf
Tel.: 02689-92259-10
Fax: 02689-92259-20
E-Mail: info@smaragd-verlag.de
www.smaragd-verlag.de

Oder besuchen Sie uns im Internet unter der obigen Adresse und melden Sie sich für unseren Newsletter an.

Erste Auflage: Januar 2020

Umschlaggestaltung: preData
Satz: Gaby Heuchemer
Druck: CPI books GmbH, Leck
ISBN 978-3-95531-188-9

Wichtiger Hinweis

Um dich, liebe Leserin, lieber Leser, zu würdigen, als würde ich dir einen persönlich gehaltenen Brief schreiben, habe ich mich für die Kleinschreibung von „du“ entschieden.

Obwohl eine gendergerechte Sprache wünschenswert ist, gibt es bisher keine befriedigende, gut lesbare Lösung. Der leichteren Lesbarkeit zuliebe wurde deshalb auf die Doppelung männlicher und weiblicher Formen nach dem Muster „der... oder die...“, „er“ bzw. sie“ verzichtet.

Inhalt

Vorwort

Liebe Leserin, lieber Leser,

du bist aufgefordert, in den folgenden Kapiteln deinen kritischen Verstand nicht auszuschalten. Es gibt keine absolute Wahrheit. Wahrheit hat immer etwas mit der eigenen Wahrnehmung zu tun, und diese wiederum ist unmittelbar abhängig vom eigenen Weltbild, das jeder von uns mit sich herumträgt. Jede Wahrheit ist für sich genommen einzigartig und wichtig und soll zum Nachdenken anregen und dir helfen, deine eigene Meinung zu bilden.

Dieses Buch erhebt daher nicht den Anspruch einer absoluten Wahrheit. Die Wahrheit ist, dass es so viele Wahrheiten auf dieser Erde wie Menschen gibt. Es bestehen jedoch durchaus Indizien, die auf ein Leben nach dem Tod, auf die Existenz von Gott im Sinne einer Urquelle allen Seins hinweisen. Ein Indiz ist weniger als ein Beweis, aber mehr als nur eine Vermutung. Auch in der Rechtsprechung spricht man von sogenannten „Indizienbeweisen“. Einen 100% Beweis für ein Weiterleben nach dem Tod, für ein Jenseits, gibt es natürlich nicht, aber es gibt Indizien, die darauf schließen lassen. Alle Religionen gehen von einer höheren Bewusstseinsform und der Existenz einer Seele aus.

Ein schönes Bild ist, die Wahrheit mit einem bunten Blumenstrauß zu vergleichen. Auf einer Seite sehe ich rote Rosen. Mein Gegenüber hat stattdessen weiße Lilien im Blick. Es wäre doch töricht, wenn ich mein Gegenüber davon überzeugen wollte, dass der ganze Blumenstrauß aus lauter roten Rosen besteht. Der andere würde mich dann nämlich von seiner durchaus zutreffenden Wahrnehmung des Straußes voller weißer Lilien überzeugen wollen. Aber genau das passiert tagtäglich. Wenn es um mehr geht als einen Blumenstrauß, wird auch schon mal ein Krieg angezettelt. Es wäre doch schlauer, wenn ich mir auch die Perspektive meines Gegenübers schildern ließe und umgekehrt. Dann hätten wir ein differenzierteres und umfassenderes Verständnis von Wahrheit.

Du bist also aufgefordert, deinen kritischen Verstand nicht auszuschalten, aber auch nicht überkritisch zu sein, sondern die Aussagen in Ruhe auf dich wirken zu lassen, um dir über deine Wahrheit klar zu werden.

Wir alle haben unsere Meinung. Solange wir uns bewusst sind, dass es sich um eine Meinung handelt und nicht um Fakten, ist das in Ordnung. Ein Problem wird daraus, wenn wir uns zu stark mit unserer Meinung identifizieren, wenn wir Zweifeln keinen Raum mehr geben, und wenn wir unsere Weltentwürfe zu ernst nehmen. Eine vorgefertigte Meinung, die nichts anderes zulässt, ist nichts weiter als Ignoranz und Unwissenheit.

Nachfolgend gebe ich einen Ausschnitt des großen spirituellen Lehrers des letzten Jahrhunderts, *Krishnamurti,* aus seiner äußerst eindrucksvollen Ansprache über die Wahrheit wieder:

„Ich behaupte, dass die Wahrheit ein unwegsames Land ist und es keine Pfade gibt, die zu ihr hinführen – keine Religion, keine Sekten. Das ist mein Standpunkt, den ich absolut und bedingungslos vertrete. Die Wahrheit ist grenzenlos, sie kann nicht konditioniert, sie kann nicht auf vorgegebenen Wegen erreicht und daher auch nicht organisiert werden. Deshalb sollten keine Organisationen gegründet werden, die die Menschen auf einen bestimmten Pfad führen oder nötigen. Ich möchte keiner spirituellen Organisation, ganz gleich welcher Art, angehören. Solche Organisationen verkrüppeln das Individuum, hindern es daran

zu wachsen und seine Einzigartigkeit zu leben, die ja darin liegt, dass es ganz allein diese absolute, uneingeschränkte Wahrheit entdeckt. Ich will keine Jünger oder Anhänger. In dem Moment, in dem man beginnt, jemandem zu folgen, hört man auf, der Wahrheit zu folgen. Es ist mir gleich, ob ihr auf meine Worte hört oder nicht. Ich will in dieser Welt etwas ganz Bestimmtes tun, und ich werde es unbeirrbar tun."

Dem kann ich voll und ganz beipflichten und es gibt nichts weiter hinzuzufügen.[1]

Krishnamurti geht es um die uneingeschränkte Befreiung des Menschen von all seinen Ängsten und Begrenzungen. Der Schlüssel dazu ist nicht im Außen zu finden, sondern liegt in jedem von uns selbst.

Während der letzten zwei Jahrzehnte sind neue Erkenntnisse hinsichtlich unserer spirituellen Existenz aufgetaucht, wie zum Beispiel Berichte von Nahtod-Erfahrungen, parallelen Universen, mehreren Dimensionen und Energietunneln zwischen Universen, die der überwiegenden Mehrheit der Menschen unbekannt waren. Heute werden diese Themen überall auf der Welt diskutiert. Im Verlauf einer einzigen Generation haben sich unsere Vorstellungen von Realität und Bewusstsein enorm verändert.

„Selig sind die, die nicht sehen und doch glauben", sagte ***Jesus*** zum zweifelnden Apostel Thomas (Joh. 20,29). Heute müs-

1 Jiddo Krishnamurti: *„Die Wahrheit ist ein pfadloses Land" (1929)*

sen wir sagen: *„Selig sind die, die sehen und wenigstens dann glauben."* In den letzten Jahren hat die moderne Wissenschaft, insbesondere die Quantenphysik, gezeigt, dass die Materie letztlich nicht mechanischen Gesetzen, sondern den Gesetzen des Geistes folgt.

Es ist nicht mehr die Frage, ob wir es schaffen, in dieses neue Bewusstsein zu gehen, sondern die Frage, *wann* wir es schaffen. Zurzeit findet ein Transformationswechsel statt, der mit einem Gefühlschaos einhergeht. Es gilt, dieses Gefühlschaos in den Griff zu bekommen, sonst wirst du von deinen Emotionen überrannt.

Man kann nicht mehr nur den anderen die Schuld geben, sondern muss bereit sein, selbst Verantwortung zu übernehmen. Wenn ich nicht Meister über mich selbst bin, dann kann ein anderer über mich bestimmen. Wir müssen lernen, uns wieder selbst zu „meistern", damit kein anderer kommt und das für uns übernimmt. Wenn wir jemand anderem folgen, erreichen wir immer nur sein Ziel, und nicht unser eigenes.

Es ist an der Zeit, dass du deinen eigenen Weg findest und gehst, denn nur dann kannst du glücklich werden. Du musst bereit sein, diesen Weg selbst zu gehen und die negativen Emotionen wie Angst, Neid, Gier oder Hass versuchen, zu überwinden. Erst dann kann die Reinheit deines Herzens zum Vorschein kommen und dir die Tore öffnen, nach denen du dich sehnst. Es geht nicht darum, anderen zu gefallen. Es geht darum, dir selbst zu gefallen und dich wertzuschätzen. Mit jedem Schritt wirst du stärker, größer, bewusster und weiser.

Wenn dir etwas im Außen begegnet, das dir nicht passt, hast du jetzt die Chance, das zu erkennen. Zorn, Wut, Hass und Neid könnten da draußen für dich nicht sichtbar sein, wenn du sie nicht in dir selbst trägst. Die Welt da draußen ist nichts anderes als eine Spiegelung, die dir zeigt, wie es in dir drinnen aussieht. Dein Spiegelbild lächelt dich nur dann an, wenn du zuerst lächelst!

Versuchst du etwas im Außen zu ändern, oder in dir? Wenn du es in dir änderst, dann änderst du es in deiner Welt, ohne dass du andere ändern musst oder willst. Die Realität draußen ist nicht die Ursache, sondern die Wirkung deines „SoSeins". Fühlst du dich erfolgreich, dann bist du erfolgreich und kommst mit erfolgreichen Menschen in Kontakt. Je bewusster du wirst, desto heller wird es in dir. Ein jedes „Aha" Erlebnis ist ein Stück Erwachen. Man spricht nicht umsonst von „Erleuchtung". Dies hat aber nichts mit „heilig sein" zu tun.

In allem, was du tust, ist es wichtig, stets auf dein Gefühl zu vertrauen. Du solltest nicht das tun, was du willst, sondern das, was du fühlst. Dann bekommst du nämlich automatisch auch das, was du willst. Vertrau auf deine Gefühle und deine Intuition. Wir können die Gefühle als unser Leitsystem ansehen. Dieses Navigationssystem hat unser Schöpfer mit weiser Absicht in unseren Bauplan integriert. Wenn du ihm vertraust, dann navigiert es dich präzise durch dein Leben und bringt dich dorthin, wo du tiefste Erfüllung und Glück findest. Wenn du mutig bist, deinen Gefühlen zu vertrauen, wirst du früher oder später dein Ziel erreichen. Dem Navi in deinem Auto vertraust du doch auch, selbst wenn es dich vielleicht erstmal durch einen langen, dunklen Tunnel führt, in dem du die hohen Berge deines Ferienziels noch nicht erkennen kannst. Du bleibst doch deshalb nicht auf halber Strecke stehen, sondern vertraust darauf, dass es dich schon bald an dein Ziel führen wird und du etwas Neues schauen darfst.

Immer mehr Menschen sind heute bereit, sich selbst unter die Lupe zu nehmen, nach dem Motto: *„Mensch, erkenne dich selbst, und du erkennst Gott und die Welt."*

Je mehr du dich selbst erkennst, desto mehr erhältst du einen viel weiteren und schöneren Zugang zur Schöpfung. Du bist wie eine Seerose im Wasser. Wenn es regnet, wird sie nicht nass. Das Wasser perlt an ihr ab. Du lebst zwar mitten im Chaos, wirst aber nicht mehr groß berührt davon. In jedem Gefühlschaos, sei es nun eine Trennung, Arbeitsplatzverlust oder Krankheit, gibt es Menschen, denen es trotz all dieser schwierigen Umstände einigermaßen gut geht. Man spricht dann von Resilienz.

Was unterscheidet diese Menschen von anderen? Sie steigen nicht in das Spiel ein, aber sie flüchten auch nicht davor. Sie sind in ihrer Mitte.

Dazu passend folgende Geschichte:

Die Schüler eines Zen-Meisters hatten für ihren Meister ein Los in der Lotterie gekauft und ein Auto gewonnen. Freudestrahlend liefen sie zu ihrem Meister und brachten ihm die frohe Kunde. Jetzt bräuchten sie nicht mehr die ganze Ware zum Marktplatz schleppen, um sie dort zu verkaufen, sondern könnten sie mit dem Auto transportieren. Der Meister zuckte nur die Achseln und sagte: „Schauen wir mal."

Eines Tages fuhr der Sohn des Meisters mit dem Auto und hatte einen Unfall. Er musste ins Krankenhaus, da beide Beine gebrochen waren. Die Schüler machten sich große Vorwürfe und fühlten sich schuldig. Hätten sie das Auto nicht gewonnen, dann wäre das nicht passiert. Der Meister sagte abermals nur: „Schauen wir mal." Die Schüler wunderten sich über die anscheinende Teilnahmslosigkeit und fehlende Empathie seitens ihres Meisters.

Kurze Zeit später erschienen Soldaten und rekrutierten alle jungen Männer für einen Krieg. Der Sohn des Meisters aber wurde verschont, da er beide Beine gebrochen hatte. „Welch ein Glück", jubelten die Schüler. „Hätte er nicht diesen Unfall gehabt, müsste er jetzt in den Krieg ziehen." Der Meister jedoch blieb unaufgeregt und sagte nur: „Schauen wir mal."[2]

2 Frei nach einer Version, die Eckhart Tolle in seinem Buch „*Die neue Erde*" erzählt.

Der Sinn des Lebens

„Die schlimmste Weltanschauung ist die von Menschen, die sich die Welt nicht angeschaut haben."

Alexander von Humboldt

Was sagen eigentlich die großen Weltreligionen und ihre Anführer über den Sinn des Lebens?

Im ***Judentum*** finden wir die Antwort auf die Frage nach dem Sinn des Lebens in der Weisung, ein gottgefälliges Leben zu führen und nach den Gesetzen der Thora zu leben. Die Juden beten, dass der Messias kommt und ihnen die Erlösung bringt.

Der ***Islam*** beantwortet diese Frage aufgrund des Korans, der jedem gläubigen Moslem die freiwillige Unterordnung unter Allahs Willen empfiehlt. Erlösung wird durch ein rechtschaffenes Leben und Einhaltung der Gebote erlangt. Wem dies gelingt, dem stehen am Ende des Tages die Türen in das Paradies offen.

Im ***Hinduismus*** besteht der Sinn des Lebens im Abtragen von karmischen Belastungen und im Freiwerden von allen irdischen Bedürfnissen.

Nach der Lehre des ***Buddhismus*** besteht der Sinn des Lebens in der Befreiung von allem Leiden durch das Überwinden der Lebensgier und des Lebensdurstes und durch die Bedürfnis- und Wunschlosigkeit. Dies wird als Erleuchtung gesehen, und das Ziel ist der Ausstieg aus dem Rad des Karmas und dem Öffnen der Buddha-Natur in uns. Es gilt, die Illusionen des Lebens zu erkennen und aus ihnen auszusteigen.

Aus der Sicht des aus der östlichen Weisheitslehre stammenden Begriffs ***Karma*** besteht der Sinn des Lebens, alle Belastungen aus früheren Existenzen im Verlauf einer langen Kette von aufeinanderfolgenden Erdenleben abzutragen, um dadurch die vollständige Reinigung der Geistseele zu erreichen.

Im ***Christentum*** finden die Gläubigen Erlösung durch Jesus Christus, der am Kreuz für unser aller Heil und Erlösung gestorben ist, und jedem, der an Christus glaubt, wird die Erlösung durch den Vater zuteilwerden.

In allen Religionen spiegeln sich die tiefsten Wünsche der Menschen und die Erlösung und Befreiung aus der Enge des Lebens durch die Verbindung mit dem Göttlichen. Erlösung ist ein Bestandteil jeder Religion, auch wenn die Auslegung sich sehr stark unterscheiden mag.

In unserem Kulturkreis hat die Kirche im 14. Jahrhundert angefangen, ihr Heilsmonopol zu erweitern. Man setzte die Angst als Werkzeug ein, um Menschen zu manipulieren und sie im Sinne der Kirche zu lenken und zu führen. Der Ablasshandel und die Hexenprozesse sind Beweis dafür. Tausende mussten ihr Leben lassen. Da ist es kein Wunder, dass diese Angst, nach dem Tod in die Hölle zu kommen, weil man irgendwas nicht so gemacht hatte, wie der christliche Glaube es angeblich vorschrieb, auch heutzutage noch ganz tief sitzt. So etwas brennt sich durch die Jahrhunderte in unser kollektives Gedächtnis ein.

Die immer noch so weit verbreitete Jenseitsvorstellung von Himmel, Hölle und Fegefeuer, die benutzt wurde, um die Menschen gefügig zu halten, hat jedoch mit der Realität nicht das Geringste zu tun. Bei vielen herrscht immer noch der Glaube vor, dass man auch in der Hölle landen kann, wenn man Sünden begangen und nicht kirchenkonform gelebt hat. An diesem finsteren, schrecklichen Ort muss man dann für alle Ewigkeit leiden. So manche Kirchenmalerei ist da wirklich sehr eindrucksvoll, damit auch jeder wirklich versteht, was ihm blüht, wenn er nicht nach bestimmten Regeln lebt.

Wir alle sind aus der unendlichen, bedingungslosen Liebe heraus entstanden und werden in jedem Moment bedingungslos geliebt. Das ändert sich auch nicht, wenn wir sterben. Im Gegenteil. Wir alle werden mit offenen Armen empfangen – in reiner und vollkommener Liebe. Eine Hölle im christlichen Sinne gibt es nicht, höchstens eine selbstgemachte.

Solange die christliche Kirche den Menschen als ein von Gott getrenntes Wesen betrachtet, wird sie auch niemals den Grund und Sinn unseres Daseins verstehen. Über das Jenseits können die Theologen meiner Meinung nach keine befriedigenden Antworten geben. Also muss der Glaube herhalten. Was die heutige Ansicht der Theologen über das Jenseits betrifft, ist diese vergleichbar mit einem Zimmer, auf dessen Tür geschrieben steht: *„Wegen Umbauarbeiten geschlossen!“*

Für mich sind die Religionen wie die Speichen eines Rades, sie führen alle zur Nabe – dem Einssein mit Gott.

Und was sagen unsere Wissenschaftler zum Thema Tod, Sterben und dem großen Danach, und was ist hier der neueste Stand der Forschung?

Auch die bedeutendsten Wissenschaftler unserer Zeit haben noch keine befriedigende Antwort auf die Frage aller Fragen gefunden: ***„Warum bin ich hier?“***

Man könnte auch sagen, dass sie auf der Suche nach *„Wissen schaffen“* sind.

Die Erkenntnisse der Wissenschaften von heute sind die Irrtümer von morgen. Ihre Theorien in dieser Hinsicht ändern sich so schnell wieder, dass wissenschaftliche Lehrbücher bereits nach wenigen Jahren überholt sind. Antworten auf die wichtigen Fragen des Lebens können wir von dort nicht erwarten.

Es gibt jedoch auch Wissenschaftler, die eine neue Sicht der Dinge haben und die alte Lehrmeinung in Frage stellen.

Viele Wissenschaftler, wie zum Beispiel der deutsche Physiker *Hans Peter Dürr,* haben erkannt, dass die Dinge sich oft nicht so verhalten, wie man das erwartet. Dies hat die Quantenphysik bewiesen. Deshalb ist es für andere nicht möglich, einen Versuch mit dem gleichen Resultat zu wiederholen, weil es mit einem anderen Bewusstsein erfolgt.

Max Planck hat mit seinen Forschungen einem neuen Weltbild zum Durchbruch geholfen. Er erklärte:

„Es gibt keine Materie an sich. Alle Materie entsteht und besteht nur durch eine Kraft, welche die Atomteilchen in Schwingung bringt und sie zum winzigsten Sonnensystem des Atoms zusammenhält.

Da es im ganzen Weltall aber weder eine intelligente noch eine ewige Kraft gibt, müssen wir hinter dieser Kraft einen bewussten Geist annehmen. Dieser Geist ist der Urgrund aller Materie. Da es aber Geist an sich nicht geben kann, und jeder Geist einem Wesen angehört, müssen wir zwingend Geistwesen annehmen.

Da aber auch Geistwesen nicht aus sich selbst sein können, sondern geschaffen worden sein müssen, so scheue ich mich nicht, diesen geheimnisvollen Schöpfer so zu nennen, wie ihn alle Kulturvölker der Erde genannt haben: Gott."[3]

Wenn ich Materie betrachte, also zum Beispiel einen Stuhl, dann entsteht der Eindruck, dieser würde aus festen Bestandteilen bestehen. Wenn ich ihn aber immer genauer betrachte, zum Beispiel unter einem Mikroskop, dann kann ich Moleküle und Atome erkennen, die einen Kern besitzen. In einem Fußballstadion wäre dieser Kern so groß wie ein Reiskorn im Anstoßkreis, während das Atom so groß wie das Fußballstadion wäre, um das Elektronen kreisen. Wenn wir nun in den Kern hineinschauen, dann finden wir auch dort keine Masse, sondern nur *Energie in Bewegung*. Erst durch in Bewegung gesetzte Energie entsteht Materie. Die Grundlage unserer materiellen Welt ist also Energie und nicht die Materie.

Das wirft die Frage auf, was am Ende wichtiger ist, nämlich die Materie, die wir messen können, oder was wir nicht messen können, aber trotzdem existiert: die Energie. Wir leben zum Großteil noch nach den Gesetzen der *Newtonschen Physik,* die über 300 Jahre alt ist. Alle traditionellen Vorstellungen über Materie lassen sich auf diese zurückführen und begründen viele unserer Grundannahmen über das Leben. Die Physiker können nur Materie messen, alles, was dazwischen liegt, lässt sich mit den heute zur Verfügung stehenden Instrumenten nicht messen. Hier sind die Grenzen der traditionellen Physik erreicht.

Eine moderne Physik hat sich jedoch etabliert, die sogenannte Quantenphysik bzw. Quantenmechanik.

Wissenschaftler dieser Fachrichtung haben herausgefunden, dass der Mensch zu ungefähr 70 Prozent aus Wassermo-

---

3 Archiv zur Geschichte der Max-Planck-Gesellschaft, Abt.Va, Rep.11 Planck, Nr. 1797

lekülen besteht, die sich aus Atomen zusammensetzen. Atome sind in der Hauptsache leerer Raum, ***nicht*** Materie. Das bedeutet, dass wir in der Hauptsache leerer Raum sind, der jedoch mit Informationen angefüllt ist.

Prof. Dr. Dr. Laszlo sagt hierzu: *„Das Vakuum, auch Null-Punkt-Feld genannt, ist ein irreführender Begriff. Es ist kein leerer Raum. Es ist angefüllt mit Information und Energie."*[4]

Für den Naturforscher ***Viktor Schauberger*** ist Wasser ein Lebewesen mit Körper und Seele, ebenso wie die Erde. Nicht umsonst wird in den spirituellen Traditionen vom „Wasser des Lebens" und „Mutter Erde" gesprochen.

Der im Jahr 2014 verstorbene Wasserforscher ***Masaru Emoto*** hat sich jahrelang mit diesem ***„Warum"*** beschäftigt. In seiner langjährigen Forschung und in unzähligen Versuchen hatte *Emoto* herausgefunden, dass Wasser Informationen speichern und diese weitergeben kann. Wasser kann aber nicht nur *„gute"* und *„schlechte"* Informationen, Musik und Worte speichern, sondern auch Gefühle und Bewusstsein.

Wasser dient also nicht nur als Durstlöscher, sondern es besitzt auch die Fähigkeit der Informationsübertragung. Unzählige Bilder unter dem Dunkelfeldmikroskop zeigen den Unterschied zwischen harmonischem Quellwasser und unharmonischem Wasser (zum Beispiel aus dem Klärwerk).

Gestützt wird seine Forschung durch die Wasserkristall-Fotografien. *Emoto* hat die Kristalle des gefrorenen Wassers fotografiert und so die jeweilige Qualität des Wassers sichtbar gemacht. Er hat herausgefunden, dass Wasser unmittelbar und intensiv auf jede Botschaft reagiert, die es erhält, und zum Bei-

4 Ralf Dahmen,
Web-Link: https://seelen-wanderung.de/index.php/warum-kann-die-physik-die-seele-nicht-finden.html

spiel *Liebe* und *Dankbarkeit* oder genau das Gegenteil manifestiert, je nachdem, was der Mensch ihm aufprägt.

Seit *Masaru Emoto* kennen wir also die Wirkung von Gedanken und Worten auf Wasser. In diesem Zusammenhang finde ich eine Aussage des deutschen Physikers und Nobelpreisträgers *Werner Heisenberg* interessant. Seine Theorie der Unschärferelation besagt, dass es unmöglich ist, etwas zu beobachten, ohne das zu Beobachtende nicht auf der feinstofflichen Ebene zu beeinflussen. Was wir über andere Menschen denken oder sagen, hat also einen unmittelbaren Einfluss auf das Verhalten des so kritisierten oder beurteilten Menschen. Deshalb ist jede Kritik, Wertung, Urteil oder Klatsch und Tratsch über andere Menschen in ganz konkreter Weise schädlich.

Und was hat ***Emoto*** aufgrund seiner Frage nach dem ***Warum*** herausgefunden? Sein Resümee lautet: *„Je mehr ich allerdings in den zweiundzwanzig Jahren die Wasserforschung vorantrieb, desto häufiger musste ich Erfahrungen machen, die mich dazu zwangen, die Existenz des Göttlichen anzuerkennen."*[5]

Emoto wollte wissen, warum gerade das Bild des Wasserkristalls, dem die Worte *„Liebe und Dankbarkeit"* aufgeprägt wurden, einen solch überaus wunderschönen Kristall bildeten. Die Antwort, die er gefunden hat, lautet:

„Indem wir in Liebe und Dankbarkeit im Herzen leben, erhält unsere Existenz eine absolute Schönheit und beginnt zu leuchten. Das Licht erhellt nicht nur das Leben eines Menschen, sondern kann auch auf die Menschen in seiner Umgebung strahlen. Dieses Licht erleuchtet Schritt für Schritt die ganze Welt und sollte uns zu einem natürlich friedvollen Leben ohne Konflikte führen."[6]

5 Emoto: *„Die Botschaft des Wassers"*
6 Emoto: *„Die Botschaft des Wassers"*

Emoto musste jedoch schmerzlich erfahren, dass eine solche Erkenntnis von der Welt nicht gehört werden will. Je mehr er die Wahrheit über das Wasser verbreitete, umso häufiger wurde er kritisiert und diffamiert. Die Botschaft dieser wunderschönen Kristall-Fotografien wurde in den Medien als unglaubwürdig dargestellt.

Eine Parallele hierzu finden wir in der Homöopathie.

Seit Jahren wird von gewissen vorgeblich wissenschaftlich geprägten Kreisen gezielt versucht, diese sanfte, nebenwirkungsfreie und doch hochwirksame Heilmethode in Verruf zu bringen und ins Reich des Humbugs abzuschieben. Wenn man aber durch die tägliche Erfahrung sieht, wie erfolgreich diese Methode seit mittlerweile über 250 Jahren wirkt, wird schnell klar, dass die medizinische Fachwelt diese Konkurrenz scheinbar doch fürchtet.

Wenn jemand stirbt, dann sagt man oft *„Er hat das Zeitliche gesegnet“*. Das bedeutet, die Dimension des Zeitlichen dankbar hinter sich zu lassen und heimzukehren in die Dimension des Zeitlosen und Feinstofflichen. Es bedeutet, endlich wieder frei zu sein als Seele, als freie Energie.

Der Tod ist ein Fakt für den Körper und eine Illusion für die persönliche Existenz. Unsere persönliche Existenz war vor unserem irdischen Leben da und wird nach diesem Leben weitergehen. Es besteht eine Ordnung an dem Ort, wohin wir nach unserem Tod gehen, und es gibt vor und nach dem Tod einen umfassenden Plan. Wenn im Christentum von einem ewigen Leben gepredigt wird, dann stimmt das, denn wenn ich diesen Körper verlasse, bin ich als geistiges Wesen immer noch existent und kann wieder auf die Ebene des ewigen Lebens zurückkehren.

„Tod bedeutet, dass die Seele den Körper verlässt. Der Körper stirbt, doch die Seele stirbt nie."

(Chandogya Upanishad 6, 11.3)

Wir leben nach unserem irdischen Tod weiter und haben schon vor unserer Geburt unseres gegenwärtigen Körpers gelebt, in zahlreichen anderen Körpern mit zahlreichen Geburten und Toden. Wir sind deswegen weder *„jung"* noch *„alt"*, sondern *„**ewig**"*.

Alle wollen in den Himmel, nur sterben möchte keiner!

Woody Allen bemerkt treffend: *„Nicht, dass ich Angst vor dem Sterben hätte, ich möchte nur nicht dabei sein."*

Weil der Mensch so sehr am Leben hängt, da er nichts anderes kennt, flieht er vor dem Tod und feilscht um Lebensverlängerung wie im Volksstück *„Der Brandner Kaspar".* Stellen wir uns aber einmal vor, wir hätten die Wahl, eines normalen Todes zu sterben, oder überhaupt nicht zu sterben. Nach 100 Jahren wären wir mit unserer Situation vielleicht noch zufrieden. Doch wie sieht es nach 100.000 Jahren oder nach 100 Millionen Jahren aus? Die Endlosigkeit des Lebens könnte zur Qual werden, aber alle Versuche, aus dem Leben zu scheiden, wären wegen der getroffenen Wahl unmöglich. Aus dieser Perspektive ist der Verlust des Todes die weitaus schlimmere Strafe als der Verlust des Lebens.

Ein Gelehrter kam zum Rabbi.

„Rabbi, ich möchte ewig leben. Was soll ich tun?"

„Heirate", meinte der Rabbi.

„Und dann werde ich ewig leben?"

„Nein, aber der Wunsch wird verschwinden."

Wir Menschen haben nicht die Macht, den Tod zu überlisten. Wenn der Tod kommen soll, dann wird er es tun. Wir alle kommen alleine auf diese Welt und gehen alleine von dieser Welt – mit nichts im Gepäck außer der Entwicklung unserer Seele.

Leider sterben die meisten Menschen, ohne vorher etwas über ihre Bestimmung zu wissen. Der Tod ist und bleibt ein Mysterium. Wir hoffen auf etwas Gutes und beten darum, doch die meisten von uns nähern sich der Schwelle des Todes in völliger Unkenntnis ihrer letztendlichen Bestimmung.

Der Tod gehört zum Leben. Hast du Angst vor dem Tod, dann hast du Angst vor dem Leben. Der Tod ist ein durchaus natürlicher Vorgang in unserem Leben und eine notwendige Stufe in unserer Entwicklung. Natürlich wirst du jetzt fragen: Wie können wir bestimmt wissen, dass es auch wirklich so ist?

Jeder Mensch hat latente Fähigkeiten, unentwickelte Sinne in sich. Wer sich die Mühe macht, diese Kräfte zu entfalten, kann die unsichtbare Welt unmittelbar erleben. Versuche, diese Dinge so gründlich wie möglich selbst zu erforschen.

Über die Sterbe- und Todesforschung gibt es reichhaltige Literatur. Die Anfänge gehen zurück auf die Arbeiten der beiden Ärzte *Elisabeth Kübler-Ross* und *Raymond Moody*. Die Berichte über Nahtod-Erfahrungen wurden ab 1975 in mehreren Büchern veröffentlicht, die ich nur empfehlen kann.

Das Jenseits

„Der erste Schluck aus dem Becher der Naturwissenschaft macht atheistisch, aber auf dem Grund des Bechers wartet Gott."

Werner Heisenberg

Die Zeit ist reif, und immer mehr Menschen interessieren sich für das Leben nach dem Tod.

Das Wissen um das Jenseits ist heute nicht mehr nur eine Angelegenheit des Glaubens, sondern auch der wissenschaftlichen Forschung. Glauben und Wissenschaft sollen sich gegenseitig ergänzen, gemäß ***Albert Einstein*:**

„Glaube ohne Wissenschaft ist blind; Wissenschaft ohne Glaube ist lahm."

In den folgenden Ausführungen geht es mir darum, aus der reichhaltigen Jenseitsliteratur zahlreiche Aussagen kritisch zu prüfen und ihren gemeinsamen Wahrheitsgehalt aufzuzeigen. Die Naturwissenschaft ist nicht die einzige Wissensquelle, sondern auch die Philosophie, die Psychologie und die Parapsychologie.

Die meisten Menschen lehnen die Idee einer Wiedergeburt ab. Oft hört man die Aussage:

„Wenn es Wiedergeburt gäbe, müsste ich ja das alles noch einmal durchmachen... das möchte ich auf gar keinen Fall, und daher glaube ich nicht daran."

Ein Grund für diese Ablehnung liegt wohl auch darin, dass die aktuellen Forschungsergebnisse speziell in Bezug auf Kinder und Reinkarnation (zum Beispiel vom Erlanger Forscher *Dieter Hassler*) der Öffentlichkeit weitgehend nicht bekannt sind. Dann richten sich die Menschen in erster Linie nach ihrem Glauben, den sie ohnehin schon haben und den man natürlich nicht gerne ändert. Viele sind auch durch ihre Erziehung und Ausbildung auf eine materialistische Weltsicht festgelegt. Diese Weltanschauung lässt Reinkarnation nicht zu.

Kaum jemand hat klare Vorstellungen davon, wie es nach dem Tod weitergeht. Es gilt sogar als vermessen, sich davon ein konkretes Bild zu machen.

Wer heutzutage in ein fremdes Land auswandern will, tut gut daran, sich vorab so genau wie möglich über diesen neuen Lebensraum zu informieren, um keine unangenehmen Überraschungen zu erleben. So mancher tritt die Reise jedoch völlig unvorbereitet an. Ist es nicht erstaunlich, wie wenige Menschen jenes jenseitige Land rechtzeitig kennenlernen wollen, in das sie früher oder später mit Sicherheit auswandern werden?

Wir können die Furcht vor dem Sterben und die Angst vor dem Tod leichter bewältigen, wenn wir wissen, was uns erwartet.

Wissenschaft, Tod und Bewusstsein

Sterben und Tod gehören immer noch zu den großen Tabuthemen in unserer modernen Gesellschaft, und der Tod wird gerne ausgeblendet, da er den Menschen Angst macht. Kein Lebender weiß hundertprozentig genau, was nach dem Tod passiert. Auch wenn es mittlerweile viele Berichte von Nahtod-Erfahrungen gibt, die Hoffnung machen, dass es danach in irgendeiner Form weitergeht, so gibt es keinen wissenschaftlichen Beweis, dass der menschliche Tod nicht unser endgültiges Ende ist. Der Tod ist wie der Eintritt in eine unbekannte Welt. Was uns dort erwartet, wissen wir nicht, auch wenn Erzählungen von Nahtodeserfahrungen oder medial begabten Menschen uns einen kleinen Einblick davon geben können. Doch um das Ganze wahrhaftig zu erfahren, müssen wir selbst über die Schwelle des Todes gehen.

Irgendwann tritt der Tod in unser Leben, jemand, der uns nahesteht, stirbt, und wir werden konfrontiert mit den Themen Tod, Verlust und Trauer. Wir müssen uns mit den Themen Loslassen und Neuanfang auseinandersetzen. Das zerstört unsere scheinbar sichere Welt. Wir versuchen, alles so lange wie möglich festzuhalten und finden es schwer, uns mit der veränderten Lebenssituation zurechtzufinden, denn alles, was neu ist, macht uns unsicher.

Der griechische Philosoph ***Epikur*** war der menschlichen Lebenslust zugewandt. Für ihn war der Tod ein Nichts. Er sagte:

„Wenn wir da sind, ist der Tod nicht da, aber wenn der Tod da ist, sind wir nicht mehr.“

Das Thema Tod und Nahtod-Erlebnisse ist jedoch viel zu wichtig, um es der Esoterik-Szene zu überlassen. Was sagen Physiker, Atomphysiker, Kernphysiker, Astrophysiker, Hirnforscher und Biologen über ein Weiterleben nach dem Tod?

Manche Wissenschaftler scheuen sich auch nicht mehr, offen zu sagen, dass das Bewusstsein neben Zeit, Raum, Materie und Energie eines der Grundelemente der Welt sein könnte. Das menschliche Bewusstsein ist möglicherweise sogar grundlegender als Raum und Zeit.

In der Psychologie weiß man über das Bewusstsein noch relativ wenig, da man es wissenschaftlich nicht fassen kann. In letzter Zeit werden jedoch viele Untersuchungen durchgeführt, bei denen beispielsweise auch Meditierende und Yogis während eines Trancezustands untersucht wurden.

Wir sind stark in unserem Denken verankert, denn die Materie können wir mit unseren Sinnen wahrnehmen und im wahrsten Sinne des Wortes be*greifen*. Alles andere ist für viele reine Glaubenssache, und man spricht dann von Zufällen.

Albert Einstein sagte dazu:

„Zufall ist Gottes Weg, anonym zu bleiben."

Auf keinem Gebiet lassen sich Veränderungen leicht herbeiführen. ***Max Planck***, einer der Väter der Quantenphysik, bemerkte dazu:

„Eine neue wissenschaftliche Wahrheit pflegt sich nicht in der Weise durchzusetzen, dass ihre Gegner überzeugt werden und sich als belehrt erklären, sondern vielmehr dadurch, dass ihre Gegner allmählich aussterben und die heranwachsende Generation von vornherein mit der Wahrheit vertraut ist".

Oder, anders formuliert:

„Jedes Begräbnis eines alten Wissenschaftlers bringt die Wissenschaft voran“. [7]

Studien haben gezeigt, dass nur 25 Prozent der Wissenschaftler Atheisten sind. Die meisten Wissenschaftler sind also viel offener in ihrer Weltsicht, doch sie wollen keinen Ärger bekommen, indem sie das öffentlich zugeben. Für Forscher ist es wichtig, Forschungsgelder zu erhalten, also können sie der materialistischen Sicht nicht offen widersprechen, denn sonst würden sie eventuell auch ihre Jobs verlieren.

Jede Form der Wissenschaft wird irgendwann dogmatisch. Zu jeder Zeit gab es eine offizielle Weltsicht, die schon in der Schule gelehrt wurde. Momentan ist das Dogma die materialistische Weltsicht. Das offizielle Dogma ändert sich aber im Laufe der Zeit.

So verhielt es sich mit der grandiosen Fehleinschätzung des letzten Kaisers ***Wilhelm II*** im Jahr 1918 über die Zukunft der Mobilität, als er prophezeite:

„Ich glaube an das Pferd. Das Auto ist eine vorübergehende Erscheinung.“

Es gibt jedoch eine neue Bewegung in der Wissenschaft, welche die Dogmen der etablierten Physik aufweicht. Wir können nicht mit alten Denkweisen die neuen Technologien des 21. Jahrhunderts erforschen. Das funktioniert nicht.

Die meisten Hirnforscher gehen davon aus, dass unser Gehirn unser Bewusstsein erzeugt und somit der Ursprung von Bewusstheit ist. Sie glauben, dass, wenn die Gehirnfunktionen verschwinden, auch das Bewusstsein verschwindet. Unser Be-

---

7 Max Planck: *„Wissenschaftliche Selbstbiographie“ Johann Ambrosius Barth Verlag, Leipzig, 1948/1970, S.22*

wusstsein ist jedoch etwas anderes als unser physischer Körper. Unsere gegenwärtige Vorstellung, dass Bewusstsein im physischen Körper angesiedelt sei, ist unzutreffend. Der Glaube, das Gehirn erzeuge das Bewusstsein, ist vergleichbar mit jemandem, der meint, ein Fernsehgerät erzeuge Filme.

Der holländische Kardiologe und Nahtod-Forscher *Dr. Pim van Lommel* vergleicht das Gehirn mit einem Empfangsgerät für das ewige Bewusstsein. Das Gehirn ist vergleichbar mit einem Radio. Ein Radio produziert aber keine Musik, sondern es empfängt diese nur und gibt sie wieder.

Bewusstsein existiert auf einer sehr viel höheren Frequenz oder Wellenlänge als Materie. Bewusstsein bedient sich biologischer Lebensformen, um sich in der Materie auszudrücken. Das Gehirn ist das Vehikel, durch welches das Bewusstsein denkt, aber es bringt es nicht hervor. Körper und Gehirn sind die Schnittstelle für das Bewusstsein, das immer da ist, ohne Anfang und Ende. Der Tod ist nicht das Ende unseres Bewusstseins. Bewusstsein ist immer vorhanden, auch wenn das Gehirn gar nicht mehr arbeitet.

Bewusstsein kann man nicht beweisen, nicht reproduzieren, nicht messen und auch nicht in irgendeiner Weise herstellen. Es gibt zwar keinen wissenschaftlichen Beweis, aber wie eingangs schon erwähnt, genügen Indizienbeweise. Menschen berichten beispielsweise nach einer Nahtod-Erfahrung von Dingen, die sie nur mit einem erweiterten Bewusstsein wahrnehmen konnten.

Wenn man annimmt, dass die Erinnerungen im Gehirn gespeichert sind, wie man normalerweise denkt, dann wird das Gehirn ebenso verwesen wie der Körper, wenn er gestorben ist. Somit müssten aber auch alle unsere Erinnerungen vergehen.

Von einem religiösen Standpunkt aus bedeutet das, dass keinerlei Weiterleben nach dem Tod möglich ist. Denn für jede Theorie des Weiterlebens nach dem Tod müssen auch die Erinnerungen weiterleben. Wenn man an eine Weiterexistenz glaubt, wie zum Beispiel an den Himmel oder das Fegefeuer, dann muss es eine Weiterentwicklung nach dem Tod in einer anderen Sphäre geben. Aber wenn man nicht weiß, wer man ist, und alles, was man getan hat, vergessen hat, dann hat diese Erfahrung keine Bedeutung.

Aus protestantischer Sicht heißt es:
„Wenn man stirbt, schläft man ein und wacht zum Jüngsten Gericht wieder auf".

Wenn man dann vor seinem Schöpfer tritt, um beurteilt zu werden, wäre auch das sinnlos, wenn man nicht weiß, wer man war und was man getan hat. Deshalb braucht man für alle Theorien des Weiterlebens nach dem Tod auch das Weiterleben seiner Erinnerungen. Wenn also Erinnerungen rein materiell im Gehirn gespeichert werden, sind all diese Theorien unmöglich.

Es gibt genügend Hinweise, dass das Bewusstsein nicht im Gehirn sitzt. Bei *medialen Sittings* zum Beispiel nehmen Menschen, die gestorben sind, Kontakt mit ihren Angehörigen aus dem Diesseits auf. Das ist allerdings nur dann vorstellbar, wenn das Bewusstsein nach dem Tod des Körpers noch existiert.

An dieser Stelle möchte ich noch kurz auf das Thema Organspende eingehen. Bei Organtransplantationen braucht man lebende Organe. Der Hirntod gilt als das relevante Kriterium, um lebende Organe von sogenannten *„toten"* Patienten zu bekommen. Das heißt, die Definition Hirntod ist ein Konstrukt, um Patienten lebende Organe entnehmen zu können. Die Kriterien für Hirntod unterscheiden sich im Übrigen von Land zu Land.

Im Vereinigten Königreich ist es lediglich der Tod des Hirnstamms, in anderen Ländern der Tod des gesamten Gehirns, also eine Nulllinie im EEG. Manchmal haben wir es nur mit einem Ausfall der Funktionen zu tun, aber nicht mit einem unmittelbaren Schaden. Hirnschäden, die durch einen verminderten Blutdurchfluss zustande kommen, können umkehrbar sein. Es ist sehr schwer zu diagnostizieren, ob Schäden umkehrbar oder nicht umkehrbar sind.

Aber auch wenn die Diagnose korrekt sein sollte, bezeichnet dies den Anfang des Sterbeprozesses, der Stunden oder sogar Tage dauern kann. Hirntod ist nicht dasselbe wie Tod. Es gibt keine exakte Definition in der Medizin über den Zeitpunkt des Todes. Man weiß jedoch, dass es nach einem Herzstillstand noch Tage dauern kann, bis alle Körperfunktionen definitiv und komplett zum Erliegen gekommen sind. Der Hirntod ist also lediglich der Anfang des Sterbeprozesses. Wenn man also einen warmen, lebenden Körper hat, mit einem schlagenden Herzen, mit Blutdruck und alle lebenden Organe noch normal arbeiten aufgrund von Medikamentengabe und künstlicher Beatmung, dann lebt der Körper, aber der Patient befindet sich in einem tiefen Koma mit unumkehrbaren Hirnschäden. Das ist aber noch nicht der endgültige Tod. Wenn man dann dem Körper zum Beispiel das schlagende Herz entnimmt, dann wird der Sterbeprozess enorm beschleunigt, und wir wissen nicht, was das für das Bewusstsein bedeutet, was dieser Mensch womöglich doch noch wahrnimmt und spürt. Wir können uns aber vorstellen, dass das kein normaler Sterbeprozess mehr ist.

Wenn man über den Hirntod Bescheid weiß und aus Liebe trotzdem Organe spenden will, dann ist das in Ordnung. Aber die meisten Menschen wissen überhaupt nicht, was es mit dem Hirntod auf sich hat. Ihnen ist nicht klar, dass Tod und Hirntod nicht dasselbe sind. Bei der Diagnose Hirntod hat man es nicht mit einem Leichnam zu tun.

In Holland gibt es auch noch eine Regelung, die in Deutschland bisher (noch) nicht zulässig ist. Dort können Familienmitglieder von Patienten, die im tiefen Koma liegen und als Organspender registriert sind, entscheiden, dass die lebensverlängernden Maßnahmen durch Medikamente und Maschinen gestoppt werden sollen. Man wartet, bis der Herzstillstand eingetreten ist, und binnen fünf Minuten werden die Organe dem Körper entnommen. Wie wir vom Herzstillstand wissen, gibt es zu der Zeit noch viel Aktivität im Gehirn und im Körper. In Holland wird etwa die Hälfte der Transplantationsorgane auf diese Weise entnommen.

In Österreich gilt die so genannte Widerspruchserklärung, das heißt, jeder, der die Kriterien des Hirntodes aufweist, ist Organspender, außer es liegt ein zu Lebzeiten abgegebener Widerspruch vor. Wer also eine potentielle Organentnahme ablehnt, muss seinen Widerspruch schriftlich dokumentieren. Wer sich näher für dieses Thema interessiert, dem empfehle ich das Buch *„Unversehrt Sterben"* von *Renate Greinert*.

In Deutschland erhält man eine ziemlich einseitige Aufklärung, was Organspende tatsächlich bedeutet. Es wird mehr über die Menschen gesprochen, die auf einer Warteliste für Organspende stehen. Es werden kaum ausführliche Informationen über die Folgen des Empfangs eines transplantierten Organs zur Verfügung gestellt. Organempfänger müssen für den Rest ihres Lebens sehr viele Medikamente einnehmen, damit das Spenderorgan nicht abgestoßen wird. Die Wahrscheinlichkeit, dass die Krankheit in zehn Jahren wieder auftritt, liegt bei 10-20%.

Auch die Anfälligkeit für andere Krankheiten ist sehr hoch, weil die Funktion des Immunsystems als Folge permanent unterdrückt wird und dadurch die Lebensqualität leidet. Ein letztendliches Organversagen lässt sich schließlich nicht ausschließen. Darüber liest man leider wenig bis nichts in den offiziell veröffentlichten Informationen.

Jeder muss die Möglichkeit haben, sich anhand aller Fakten frei und vorurteilsfrei entscheiden zu können. Es kann auch durchaus sein, dass der Organempfänger gewisse Eigenschaften und Vorlieben des Spenders übernimmt, da in jeder Körperzelle unsere Persönlichkeit eingeprägt = gespeichert ist, die mit der Transplantation teilweise auf den Empfänger übergehen kann und sich mit dem Organismus eines anderen Menschen verbindet.

In Zukunft wird es Organe aus dem 3-D-Drucker geben. Das Berliner Start-up *Cellbricks* zum Beispiel forscht schon seit 2015 an dreidimensionalen Modellen. Bislang werden Organe im Miniaturformat zum Beispiel von der Leber oder der Plazenta gefertigt. Auf lange Sicht will das Unternehmen von den wichtigsten Organen eine Nachbildung herstellen.

Die wichtigste Frage zu diesem Thema lautet jedoch:

Wann verlässt die Seele – oder unser Bewusstsein – den Körper?

Verschiedene spirituelle Medien haben bestätigt, dass es nur noch die körperliche Hülle ist, die künstlich beatmet und mit Medikamenten am Leben erhalten wird. Die Seele hat den Körper zu diesem Zeitpunkt meist längst verlassen. Meist schwebt sie über dem Körper oder ist schon weiter in die andere Welt gegangen. „Verstorbene", denen Organe zum Zweck der Organspende entnommen wurden, bestätigen Jenseitsmedien immer wieder, dass es für sie in Ordnung war, ihre Organe gespendet zu haben, und versuchen so, den Angehörigen die Schuldgefühle zu nehmen. Viele Angehörige machen sich nämlich im Nachhinein Vorwürfe, ob der sterbende Mensch womöglich Schmerzen empfunden hat oder die Seele während der Transplantation doch noch da war und die Entnahme der Organe bewusst miterleben musste.

Unsere Gesellschaft ist nicht bereit, Tod und Krankheit zu akzeptieren, daher ist es vielleicht an der Zeit, dass wir unsere Vorstellung von Tod und Krankheit verändern

Die Bewusstseinsforschung gehört zu den interessantesten Gebieten der Wissenschaft, gerade weil wir so wenig über unseren Verstand wissen. Wir wissen viel über den Aufbau des Gehirns, aber wir verstehen die eigentliche Natur des Bewusstseins nicht. Und es gibt keine wissenschaftliche Erklärung, warum wir überhaupt ein Bewusstsein haben. Man kann zwar ein Gehirn erforschen oder sezieren, doch sagen diese Forschungen nichts über ein Bewusstsein aus. Der Sitz des menschlichen Bewusstseins ist bis heute noch nicht lokalisiert worden.

Wenn Materie, also das Gehirn, in diesem Fall kein Bewusstsein hat, wie traditionelle Materialisten es annehmen, wie kann dieses dann ein Bewusstsein erlangen? Wie kann etwas komplett Neues entstehen aus etwas, das eben keinerlei Bewusstheit hat?

Bewusstsein ist überall, selbst das Universum hat ein Bewusstsein. Die Quelle des ewigen Bewusstseins nennen die Juden und Christen Gott, die Hindus nennen sie Brahma, die Moslems nennen sie Allah, Buddhisten und Taoisten haben die Vorstellung eines ewigen Bewusstseins. Das höhere Bewusstsein ist die Basis aller Religionen. Der Kern aller Religionen ist die mystische Erfahrung des höheren Bewusstseins.

Atheisten und Materialisten verleugnen jedoch die Existenz eines Bewusstseins jenseits der menschlichen Ebene. Sie sagen, das Bewusstsein sitzt in den menschlichen Gehirnen, und nur der Mensch besitzt im ganzen Universum ein Bewusstsein.

Der Physiker Jack Sarfatti:

„Nichts geschieht im menschlichen Bewusstsein, ohne dass irgendetwas im Universum darauf reagiert. Mit jedem Gedanken, jeder Handlung beschreiben wir nicht nur unsere eigene kleine Festplatte, sondern speichern auch etwas im Quantenuniversum ab, das unser irdisches Leben überdauert."[8]

In der Quantenmechanik gibt es ein Phänomen, das sich *„Delayed Choice Experiment"* nennt.

Menschen erinnern sich an Dinge, die passiert sind, während ihr Gehirn klinisch tot war. Nach der Wiederbelebung erinnern sie sich an alles, obwohl ihr Gehirn eigentlich nicht

---

8 Jack Sarfatti amerikanischer Physiker
weblink *https://www.freiewelt.net/blog/quantenverschrankung-472/*

funktionsfähig war. Sie müssen dennoch all diese Erfahrungen gemacht haben, „etwas" muss dies bewusst miterlebt haben, um sich erinnern zu können. Zu dem Zeitpunkt, in dem jemand körperlich tot ist, gibt es nur reines Bewusstsein. Insofern *repräsentiert* das Gehirn nur das Bewusstsein. Das Gehirn hat somit eine vermittelnde oder empfangende Funktion, keine produzierende.

☆

Im allgemeinen Sprachgebrauch hört man oft die Aussage: *„Er hat sein Bewusstsein verloren"* oder *„Er ist bewusst-los".*

Kann man eigentlich sein Bewusstsein verlieren?

Nein, wir können unser Bewusstsein nicht verlieren, denn wir ***sind*** Bewusstsein. Wir können nur etwas verlieren, was wir haben, aber wir können nicht verlieren, was wir sind. Es ist unmöglich, von unserem Selbst getrennt zu sein.

Es gibt somit auch keine „bösen" oder „guten" Menschen, sondern nur bewusste oder unbewusste Menschen.

Was unterscheidet nun bewusste von unbewussten Menschen?

Unbewusste Menschen sind nicht negativ, sondern negativ beeinflusst und fallen unter die Kategorie des unbewussten Materialismus. Sie sind vertieft in die Freuden und Leiden des Alltags und haben keine Zeit oder kein Interesse, sich Gedanken über ein Leben nach dem Tod zu machen, und glauben auch nicht an die Existenz von höherdimensionalen Welten. Sie nehmen sich selbst nicht als spirituelle Wesen wahr. Jeder meint, es richtig zu machen, ist sich aber seiner Taten bzw. deren Konsequenzen nicht wirklich bewusst. Unsere Rechtsprechung müsste eigentlich überarbeitet werden, denn Bestrafung bringt nichts. Man müsste den Menschen **bewusst** machen, was sie tun, denn oft wissen sie nicht, was sie tun.

Jesus sprach diese bedeutenden Worte kurz vor seinem Kreuzestod:

„Herr vergib ihnen, denn sie wissen nicht, was sie tun."

Bewusste Menschen wissen, dass es jenseits der materiellen Welt auch eine spirituelle Welt gibt, sehen sich aber immer noch als Gegenpol des Negativen und meinen, sie müssten das Negative bekämpfen. Die Herausforderung des Lebens besteht jedoch nicht darin, das Negative im Außen zu bekämpfen, sondern selbst keine Resonanz für das Negative zu bieten. Die Aufgabe besteht darin,weder eine Identifikation mit dem Negativen noch mit dem Positiven zu haben. Das Ziel sollte heißen: „Jenseits von Gut und Böse" zu sein und das Gesetz des freien Willens zu respektieren.

Wir müssen unterscheiden zwischen unserem Bewusstsein und unseren Wahrnehmungen.

Vergleichen wir unser Bewusstsein mit einer Leinwand, dann sind die darauf projizierten Bilder unsere Wahrnehmungen. Ohne die Leinwand gibt es keine Bilder, aber die Leinwand ist nicht auf Bilder angewiesen. Ohne Bewusstsein kann es keine Wahrnehmungen geben, aber ohne jede Wahrnehmung ist Bewusstsein trotzdem präsent.

Viele Menschen, und insbesondere die Wissenschaftler, glauben jedoch, sie könnten die (Sinnes)Wahrnehmungen durch Teleskop oder Mikroskop ausweiten, um die Wirklichkeit zu erkennen.

Für *Dr. Pim van Lommel* ist der Tod nur der physikalische Aspekt, das Ende des Körpers, aber nicht das Ende des Bewusstseins. Er hat festgestellt, dass wir ein erweitertes Bewusstsein haben, auch mit Wahrnehmungen außerhalb des Körpers. Das heißt, auch wenn man gestorben ist, ist noch immer das Bewusstsein da. Es ist immer da, ohne Anfang und Ende.

Und das Gehirn ist nur ein Empfangsmodul für Teile des endlosen Bewusstseins. [9]

Beim Verlassen des Körpers, zum Beispiel im Rahmen einer Nahtodes-Erfahrung, erkennt der Mensch, besser gesagt unser Bewusstsein, dass es nicht der Körper ist, für den es sich lange gehalten hat.

Wenn du dich 40 oder 80 Jahre lang mit deinem Körper identifiziert hast, glaubst du, dass das, was du im Spiegel siehst, dein wahres Selbst ist. Wenn es aber in einer körperlichen Extremsituation zu einer unvorhergesehenen Trennung des Bewusstseins vom Körper kommt, dann kann es sein, dass du plötzlich in der Lage bist, auf deinen eigenen Körper herabzublicken. Dann gibt es keine persönliche Anhaftung mehr. Es macht dir dann auch nichts mehr aus, was mit deinem Körper geschieht. Du erfährst dich selbst nur noch als reines Bewusstsein, das einfach nur wahrnimmt, ohne Bewertung und übermäßige Interpretation.

---

9 Dr. Pim van Lommel: *„Endloses Bewusstsein – neue medizinische Fakten zur Nahtod-Erfahrung“*

Das ist eine gewaltige Erkenntnis. Du erkennst: Nichts und niemand kann dir jemals etwas anhaben. Beim sogenannten Tod fällt nur das weg, was du ***nicht*** bist.

In einer Nahtod-Erfahrung, aber auch in manch anderen Situationen, hat man Zugang zu diesem höheren Bewusstsein. *Mozart, Chopin* und viele Künstler und Sensitive hatten oder haben auch diesen Zugang. Erfindungen basieren meist auf Eingebung. Wir haben alle diese Möglichkeit, aber meistens nutzen wir sie nicht bewusst. Durch Meditation oder durch Aufenthalt in der Natur kann dieser Kontakt durch regelmäßige Übung jedoch hergestellt werden.

In Bezug auf unser Bewusstsein und das Weiterleben nach dem Tod ist es am einfachsten, wenn man sich dieses als einen Traum vorstellt. In unseren Träumen gibt es keine Begrenzungen. Wir laufen oder fliegen herum und sprechen mit Menschen oder Tieren. Wenn wir nun sterben, dann ist es, als wenn wir weiter träumen würden, aber wir wachen nicht mehr auf. Da unser physischer Körper tot ist, verbleiben wir in unserer Traumwelt.

Die Art der Träume hängt von unserer Gesinnung, unseren Überzeugungen und unserem Seelenzustand ab. Manche Menschen werden womöglich in Albträumen gefangen sein. Das wäre mit der christlich geprägten Hölle vergleichbar. Jeder träumt die Art von Träumen, an die er glaubt und die zu ihm passen.

Jede Religion sagt, dass die Art des Lebens nach dem Tod davon abhängt, welche Art von Leben man auf dieser Erde geführt hat. Somit bekommt jeder genau das, was er erwartet. Was er gesät hat, wird er ernten, und er bekommt somit das, was er sich „verdient“ hat.

Es gibt interessante Parallelen zwischen dem Tiefschlaf und tiefer Meditation. In beiden Zuständen verweilen wir jeweils in dem, was wir unserer Essenz nach sind – jenseits unserer Persönlichkeit.

Rupert Spira machte dazu folgende interessante Aussage:

„Aus dem Blickwinkel der Ignoranz ist die Person das, was wir sind, und Meditation ist etwas, was wir tun. Aus dem Blickwinkel des Verstehens ist Meditation das, was wir sind, und die Person etwas, was wir tun. Meditation ist nicht etwas, was wir tun. *Ob wir es wissen oder nicht, Meditation ist, was wir* ***sind.*** *"* [10]

Drei Millionen Menschen in Deutschland hatten eine *Nahtod*-Erfahrung und ungefähr 10 Millionen Menschen eine *Nachtod-E*rfahrung, also Kontakte mit Verstorbenen. Aber trotzdem ist das Thema immer noch ein Tabu.

Dr. Pim van Lommel berichtet von einer Studie, nach der Kinder in einer lebensbedrohlichen Situation zu 70 Prozent eine Nahtod-Erfahrung erleben. Erwachsene im Alter von 25 bis 35 Jahren erleben zu 30 bis 40 Prozent eine Nahtod-Erfahrung. Am seltensten haben dieser Studie zufolge alte Menschen eine Nahtod-Erfahrung.

Die überzeugendsten Beweise für ein Weiterleben nach dem Tod kommen also von Kindern, die sich für eine gewisse Zeit auch an frühere Leben erinnern, bis die Normalität sie einholt und das Vergessen anfängt. Über dieses Phänomen haben *Ian Stevenson* und andere geforscht.

10 Rupert Spira: *„Bewusstsein ist alles" (2011), S 70*

Die Kinder, mit denen sich *Ian Stevenson* befasste, hatten oftmals nicht nur Erinnerungen an frühere Leben, sondern auch Narben, Muttermale oder Missbildungen, die von der Art, wie sie starben, herrührten, insbesondere, wenn es sich um traumatische oder gewaltsame Ereignisse handelte.

Stevenson berichtet von einem Mann, der bei einer Schießerei in Alaska ermordet wurde. Das Kind, das sich später an dieses frühere Leben erinnerte, hatte ein Geburtsmal genau an der Stelle, an der die Kugel getroffen hatte. Es waren also nicht nur psychologische, sondern auch physische Erinnerungen. [11]

Dr. Pim van Lommel hat sich sehr ausführlich mit dem Thema Nahtod-Erfahrung befasst und berichtet von Patienten, die, obwohl keine Gehirnfunktionen mehr nachweisbar waren, eine Nahtod-Erfahrung mit Sinneseindrücken außerhalb ihres Körpers machten. Er hat festgestellt, dass diese Nahtod-Erfahrungen zwölf universale Elemente beinhalten, wobei nicht alle dieser Elemente bei jedem vorkommen: [12]

- *Das Unaussprechliche der Erfahrung. Das Erlebte kann man kaum in Worte fassen.*
- *Ein Gefühl des Friedens und der Ruhe. Eventuelle Schmerzen sind augenblicklich verschwunden.*
- *Die Erkenntnis, tot zu sein.*
- *Man schwebt buchstäblich über dem eigenen Körper und außerhalb, oft auch an der Decke, und beobachtet das Geschehen und die Menschen. Man sieht die Wiederbelebungsversuche, die andere unternehmen, von außen.*

---

11 Ian Stevenson: *„Reinkarnationsbeweise: Geburtsnarben und Muttermale belegen die wiederholten Erdenleben des Menschen" (2011)*
12 Pim van Lommel: *„Endloses Bewusstsein" (2007), S 44 f*

- *Oft wird es dunkel und man befindet sich in einem Tunnel. Am Ende des Tunnels erscheint ein Licht, in das man hineingezogen wird.*
- *Man befindet sich in einer wunderschönen Landschaft. Oft wird man von einer himmlischen Musik begleitet, die unbeschreiblich schön ist.*
- *Begegnung und Kommunikation mit Verstorbenen.*
- *Die Anwesenheit eines hell strahlenden, aber nicht blendenden Lichtwesens. Die Erfahrung vollkommener Akzeptanz und bedingungsloser Liebe.*
- *Es kommt zu einer Art 4D-Lebensrückschau von der Geburt bis zu diesem Moment. Man überblickt das ganze Leben in einem Augenblick.*
- *Man hat das Gefühl, einen Teil des Lebens, der zu diesem Zeitpunkt noch vor einem liegt, zu überblicken. (Flash forward)*
- *Es wird eine Art Grenze (oder Übergang) wahrgenommen, die nicht überschritten werden darf, da es sonst kein Zurück mehr in den irdischen Körper gibt.*
- *Oftmals vernimmt man eine Stimme, und man wird zurückgeschickt mit dem Hinweis, dass die Lebensaufgabe noch nicht erfüllt ist, oder der Betroffene entscheidet sich freiwillig zur Rückkehr.*

Sehr beeindruckend sind auch Berichte von tibetischen Lamas, die versuchen, absichtlich wiedergeboren zu werden, wie zum Beispiel der derzeitige *Dalai Lama*. Er ist der 14. in einer Reihe. Die Tibeter finden mit wissenschaftlichen Tests heraus, wer der wiedergeborene Lama ist, wo er zu finden ist und ob er echt ist.

Der Neurowissenschaftler ***Dr. med. Eben Alexander*** lag sieben Tage im Koma und war partiell hirntot. Er hat diesen Zustand wie folgt ausgedrückt:

„Ich werde mit meinem sterblichen, materiellen Gehirn Jahre brauchen, um zu verstehen, was ich in den gehirnfreien Reichen der jenseitigen Welt sofort mühelos verstanden habe." [13]

Sein Buch ist ein inspirierendes Zeugnis einer außerkörperlichen Erfahrung von himmlischen Welten und einer Begegnung mit Gott. Sein Gehirn hat nachweislich zu diesem Zeitpunkt nicht mehr gearbeitet, und d*ennoch war er am Leben und bei Bewusstsein in einem Universum, das vor allem von Liebe, Bewusstheit und Realität geprägt war.*

Der Jenseitsforschung wird oft vorgeworfen, dass es sich bei diesen Phänomenen, die auf eine jenseitige Wirklichkeit hinweisen, weitgehend um Täuschung, Betrug oder Einbildung handeln würde. Und die meisten Neurobiologen und Hirnexperten sind der Meinung, außerkörperliche Erfahrungen würden nicht stattfinden, sondern seien durch bloße Sinnestäuschungen, Sauerstoffmangel im Gehirn, Ausschüttung von Stresshormonen oder durch Medikamente und Drogen ausgelöst. Natürlich kann man in jedem Forschungsgebiet Dinge anfechten, doch in welchem Forschungsgebiet wäre dies nicht der Fall? Selbst auf dem Gebiet der exakten Wissenschaften ist etliches fragwürdig.

Heutzutage erfahren wir gerade aus der Quantenphysik, wie hoch der Stellenwert des Bewusstseins ist. E*s ist real, und zwar sehr viel realer als der Rest der physischen Existenz und höchstwahrscheinlich die Basis von allem.* Die materialistische

13 Dr.med.Eben Alexander: *„Blick in die Ewigkeit – die faszinierende Nahtod-Erfahrung eines Neurochirurgen"*

Wissenschaft und ihre Vertreter ignorieren oder leugnen das Bewusstsein und tun so, als sei das nicht wichtig. Da sie es nicht beschreiben und beweisen können, ignorieren sie es einfach!

☆

Dr. Rolf Froböse benutzt das Bild einer Schneeflocke, um die Unsterblichkeit der Seele am besten zu verdeutlichen.

Jede Schneeflocke ist einzigartig in ihrer Form und Struktur. Sie fällt als Schnee und verdichtet sich zu riesigen Gletschern. Diese brechen dann irgendwann ab, gehen als Eisberg ins Meer und schmelzen allmählich ab. Die Information, die in den einzelnen Schneeflocken enthalten ist, wird dann wieder in den Ozean abgegeben. So kann man sich in etwa vorstellen, was nach dem Tod geschieht.

In der *Bhagavad Gita* lesen wir dazu sinngemäß Folgendes:

„Der sich wandelnde Körper ist nicht von Dauer. Dass sich der Körper in jedem Augenblick durch die Aktionen und Reaktionen der verschiedenen Zellen verändert, wird von der modernen Medizin bestätigt, und so finden im Körper Wachstum und Alter statt. Aber die spirituelle Seele besteht fortwährend und bleibt trotz aller Wandlungen des Körpers und des Geistes dieselbe. Das ist der Unterschied zwischen Materie und spiritueller Natur. Von Natur aus wandelt sich der Körper ständig, wohingegen die Seele ewig ist." (Bg 2.16)

Das, was uns als Wesen ausgemacht hat, diese Information geht wieder in den Kosmos über, in das große Informationsfeld, und ist letztlich unsterblich. Information kann nicht verloren gehen. Ich kann nicht aus dem Nichts geboren werden, das heißt, beim Urknall war die Information bereits vorhanden und hat sich über das Universum verbreitet. Folgt man dieser Logik, dass Information bereits beim Urknall da war, muss man von einer intelligenten Schöpfung ausgehen. Mit der Urknall-Theorie beschreiben Wissenschaftler, wie sich das Universum nach seiner Entstehung zu dem entwickelt hat, was wir heute beobachten können. Die Frage, wie und warum das Universum entstanden ist, können wir heute noch nicht beantworten.

Jeder, der sich für Wissenschaft interessiert, kommt an der Erkenntnis der letzten Jahre nicht vorbei, dass wir rund 96 Prozent des Universums überhaupt nicht kennen oder erklären können. Die Astrophysiker nennen es Dunkle Materie, haben aber keine Ahnung, was das genau sein soll. Es gibt Pulsare, Quasare, Schwarze Löcher, und keiner weiß, was genau sie sind. Es gibt also eine Menge offener Fragen.

Alle Religionen nehmen an, dass alles Geschaffene vor jeder Materie einen geistigen Ursprung hatte. Alles Sein ist geistgezeugt, ist gedankengeboren. Es gibt nichts, was nicht zuerst gedacht war, bevor es sich in der Welt verwirklichte. Geist ist demnach der Urstoff von allem. Die moderne Physik erkennt in zunehmenden Maße an, dass die Geistige Welt eine ernstzunehmende Wirklichkeit darstellt, die bereits vor der materiellen Welt bestand. Die materielle Welt ist aus der Geistigen Welt hervorgegangen und ihre Existenz ist nur eine vorübergehende Erscheinung. Materie ist nichts anderes als verdichtete Energie, die ihren Ursprung in einer nicht materiellen Quelle hat.

Energie kann nicht vernichtet, sondern nur umgewandelt werden. Wenn Energie also nicht ins Nichts verschwinden kann, kann sie auch nicht aus dem Nichts kommen. Folglich liegt ihr

Ursprung nicht im kosmischen Urknall, sondern in einer präkosmischen, Geistigen Welt. Die gewaltige Energie, die vor Milliarden Jahren in einer gewaltigen Explosion zur Entstehung des Kosmos führte, muss von irgendwo hergekommen sein. Woher diese stammt, vermag die heutige Astrophysik allerdings immer noch nicht zu sagen.

Wissenschaftler haben festgestellt, dass sich das sichtbare Universum mit unvorstellbarer Geschwindigkeit immer weiter ausdehnt, und zwar kugelförmig, wie das Aufblasen eines Luftballons. Diese Materie ist begrenzt, aber endlos, vergleichbar mit der Begrenzung und Endlosigkeit der Oberfläche einer Kugel.

Das Universum ist weder aus sich selbst noch für sich selbst da. Es hat einen Sinn und dient einem Zweck, der sich uns in seiner Gänze noch nicht erschließt. Da aber jede intelligente Ordnung einen Ordner und jedes Gesetz einen Gesetzgeber voraussetzt, müssen wir daraus also auf eine präkosmische Intelligenz schließen. Diese Welt und ihre Bewohner verdanken ihr Dasein sicher nicht dem blinden Zufall. Sowohl im Makrokosmos als auch im Mikrokosmos ist alles *„nach Maß und Zahl“* und nach bestimmten Gesetzen geregelt. Die Religionen nennen diesen Ordner *Gott, Brahma, Krishna* oder *Allah*.

In der *Sri Isopanishad*, einer wichtigen Schrift der Veden, wird beschrieben, dass Gott von dieser gleißenden Ausstrahlung, von Licht, umgeben ist und es nur wenigen Lebewesen möglich ist, die Gestalt hinter dem Licht zu sehen. Mit unserem physischen Gehirn können wir die nicht-physischen Bereiche mangels geeigneter Rezeptoren nicht erfassen.

Viele stellen sich natürlich die Frage, was denn vor dem Urknall war. Die Physik behauptet, dass es vor dem Urknall eine sogenannte Singularität gab. Das bedeutet, ein physikalischer Zustand der völligen absoluten Bedeutungslosigkeit, des absoluten Nichts. Es passierte nichts, und es gab keinen Raum und keine Zeit. Das ist eine zutiefst unbefriedigende Antwort. Die Urknall-Theorie ist ein oberflächlicher Schluss, der auf unvollständigen physischen Beobachtungen beruht.

Bei der Europäischen Organisation für Kernforschung (Cern) sind die Forscher den ersten Sekundenbruchteilen nach dem Urknall vor fast 14 Milliarden Jahren auf der Spur. Man wird höchstwahrscheinlich bald herausfinden, was innerhalb der ersten Nanosekunden des Weltalls vor sich gegangen ist, aber was vor dem Urknall war, bleibt weiterhin unbekannt. Wahrscheinlich kommt die Expansion des Universums irgendwann zu Ende, und das Universum kollabiert. Dann gibt es wohl einen neuen Urknall. Das Universum pulsiert sozusagen wie ein schlagendes Herz, und das in Zeitradien von Billionen von Jahren.

Die vedischen Schriften berichten uns, dass jede Schöpfung durch Gedankenkraft entsteht. Somit entstanden das sichtbare Universum, die Multiversen sowie die höherdimensionalen Welten durch das allumfassende Bewusstsein eines Schöpfers. Das Bewusstsein ist also nicht ein Produkt der Materie, sondern umgekehrt. Am Anfang war somit nicht ein Urknall, sondern ein Ursprung von Bewusstsein – Gottes Bewusstsein.

Im Gegensatz zur Entstehung des Universums können die Wissenschaftler über das Ende unserer Galaxis erstaunlich genau Auskunft geben. Unsere Galaxis ist abhängig von unserer Sonne. Unsere Sonne ist ein normaler Stern und vor etwa 4,5 Milliarden Jahren entstanden. Sterne dieser Größe existieren etwa zehn Milliarden Jahre. Seit ihrer Entstehung hat sich die Sonne nicht sonderlich verändert. Sie wird allerdings – und dies hat jetzt definitiv nichts mit dem Klimawandel zu tun – immer heißer werden und in ein bis zwei Milliarden Jahren so heiß sein, dass die Durchschnittstemperatur auf der Erde über 100 Grad Celsius liegen wird. Dann wird es kein flüssiges Wasser mehr geben und auch kein Leben.

Am Ende ihrer Lebenszeit, in ungefähr fünf bis sechs Milliarden Jahren, wird die Sonne dann so heiß sein, dass sie sich stark aufblähen und deutlich an Größe zunehmen wird. Sie wird bis ungefähr an die Erde heranreichen. Ob sie diese dann quasi verschluckt, kann man heute noch nicht sagen, denn die Sonne wird, wenn sie sich aufbläht, auch etwas an Masse verlieren. Ihre Anziehungskraft auf die Erde wird also schwächer werden, sodass die Erde sich ein bisschen weiter von ihr entfernt. Ganz am Ende ihres Lebens wird sie dann extrem zusammenschrumpfen und zu einem sogenannten Weißen Zwerg werden. Dann ist sie ungefähr so groß wie die Erde, aber viel, viel massereicher. Dieser Weiße Zwerg wird nicht mehr viel tun. Er wird keine eigene Energie mehr durch Kernfusion erzeugen und für die nächsten Billionen Jahre abkühlen. Die Planeten, die es dann noch in unserem Sonnensystem gibt, werden diesen Weißen Zwerg umkreisen. Das kann dann immer so weitergehen, es sei denn, irgendwann kollidiert ein Himmelskörper mit dem Weißen Zwerg und zerstört ihn.

Wenn wir die mehrdimensionale Struktur des Universums betrachten, dann erkennen wir, dass die Galaxien nicht das ganze Universum darstellen, sondern nur die dichte äußere Dimension des vollständigen Universums bilden. Der Umfang des sichtbaren Universums beläuft sich auf vielleicht weniger als ein Prozent des mehrdimensionalen Universums. Das Universum ist mit Sicherheit sehr viel ausgedehnter und komplizierter, als die Astrophysik es auch nur ansatzweise begreifen oder erklären kann.

Neben diesem, für den Menschen erfassbaren Universum, gibt es noch den weitaus größeren Kosmos, in dem ganz andere Kräfte und Gesetze wirken.

Vedische Quellen besagen, dass in diesen höherdimensionalen Welten andere Raum-Zeit Verhältnisse herrschen als auf der Erde. Ein wichtiger Hauptunterschied besteht im Ablauf der Zeit.

Wir wissen, dass in superschnellen Raumschiffen die Zeit langsamer abläuft als auf der Erde.

Einstein erklärte dies mit dem berühmten Raketenbeispiel: Wenn jemand mit einer superschnellen Rakete losfliegt und nach einem Jahr – gemäß der Zeit in seiner Rakete – auf die Erde zurückkehrt, wird er erstaunt feststellen, dass auf seinem Heimatplaneten während „derselben Zeit“ Jahrhunderte oder sogar Jahrtausende vergangen sind. [14]

Aber nicht nur in superschnellen Raketen und Raumschiffen läuft die Zeit im Vergleich zur Erde langsamer ab, sondern auch in den Dimensionswelten mit höherer Schwingungsfrequenz. In den weniger verdichteten Ebenen läuft die Zeit langsamer ab. Je höher die Schwingungsfrequenz, desto langsamer läuft die Zeit. Während dort ein Jahr vergeht, vergehen auf der Erde während derselben Zeit Tausende von Jahren.

Ein weiterer Unterschied besteht in den räumlichen Distanzen. Für uns Menschen sind Galaxien Millionen und Milliarden von Lichtjahren entfernt, aber höherdimensionale Wesen bewältigen diese Entfernungen in Sekundenbruchteilen.

---

14 Armin Rise: *„Unsichtbare Welten“ , Band 2, S 168 (2017)*

Wir sind so unvorstellbar unbedeutend, wie das Universum unvorstellbar groß ist. Unsere Galaxis ist eine von mindestens 20 Millionen Galaxien. Es existieren etwa 100-300 Milliarden Sonnensysteme und etwa 20 Trillionen Planeten. Die NASA schätzt, dass mindestens 20.000 Planeten existieren, auf denen menschliches Leben denkbar ist. Und neben unserem Universum gibt es auch noch eine unbekannte Anzahl von Multiversen.

Unser Universum samt seinen Rätseln ist rund 14 Milliarden Jahre alt. Dagegen besteht die Erde gerade einmal 4,6 Milliarden Jahre. Und der Homo sapiens existiert erst seit zwei Millionen Jahren.

Stephen Hawking begeisterte Millionen von Menschen, indem er die Forschung publik machte. Er trat in Fernsehserien wie *Raumschiff Enterprise, den Simpsons, Big Bang Theory* und *Futurama* auf. Er war in Dokumentationen über das Universum zu sehen, schrieb Bestseller, darunter Kinderbücher zusammen mit seiner Tochter Lucy, und war auf dem Album *„The Endless River"* der Rockband *Pink Floyd* zu hören.

Der Autor *Duane Elgin* hat Beweise aus Kosmologie, Biologie und Physik zusammengetragen und behauptet, dass das Universum lebt. Wir alle sind Teilhabende eines allumfassenden Kosmos. Wir erkennen, dass wir integriertes und gestaltendes Element dieses dynamischen Kosmos sind und erfahren unsere Verbundenheit mit Allem-was-ist. Jeder Einzelne von uns ist Teilhabender dieses Feldes und wirkt gestaltend auf dieses ein. Diese Einsicht steht im Einklang mit den Erkenntnissen der großen spirituellen Traditionen. Das Weltall ist mitnichten so leer, wie man lange gedacht hat, sondern erfüllt mit der jüngst entdeckten „Dunklen Energie", die etwa 73 Prozent von allem ausmacht, was existiert, und die *Elgin* für die Lebensenergie des Universums hält.

Nicht die Materie ist die Urkraft im Universum, sondern das Bewusstsein!

„Der menschliche Körper ist Teil des kosmischen Körpers", schreibt ***Deepak Chopra*** dazu.

Leider lehnen viele Wissenschaftler Studien, die nicht in das klassische Weltbild passen, ab und stempeln diese als „Grenzwissenschaften" ab.

Der 2014 verstorbene Nobelpreisträger *Prof. Dr. Hans-Peter Dürr* sagte in einem Vortrag, dass wir uns von dem Weltbild, der alten Physik, von dem, was wir noch in der Schule und auf den Universitäten gelernt haben, trennen müssen. Wir können mit der alten Denkweise nicht die moderne Technologie des 21.Jahrhunderts erklären.

Man wehrt sich jedoch dagegen, dass nicht die Materie die Basis allen Lebens ist. Ein wirklicher Austausch über diese Phänomene findet nur selten statt, oft beschränkt sich deren Interesse darauf, alles zu negieren und ins Lächerliche zu ziehen.

Und dieselben Geister, die behaupten, dass das Leben als Produkt von Materie dargestellt wird, beherrschen auch die Medizin. Der Mensch wird nur als physische Konstruktion gesehen, was sich in einer Symptombekämpfung und Genmanipulation äußert. Kostengünstige und vor allem nebenwirkungsfreie Medikamente und Therapien werden verpönt und verleumdet und, wie zum Beispiel die Homöopathie, in manchen Ländern auch schon verboten. Die Politik ist weitgehend zu Handlangern der Wirtschaft und der Lobbyisten geworden.

Die andere Wirklichkeit

Diesseits und Jenseits unterscheiden sich voneinander lediglich durch ihre „Wellenlänge“. Viele glauben immer noch, dass der Mensch in ein Niemandsland kommt, wenn er stirbt, oder einfach nicht mehr existiert. Der Mensch wechselt jedoch nur seine Schwingungsebene. Damit gelangt er nicht an einen *Ort*, sondern in einen anderen *Zustand*.

Die spirituelle Welt existiert parallel zu der unsrigen und ist durch keinen Raum begrenzt. Jenseits der grobstofflichen Welt gibt es also astrale und feinstoffliche Welten, in denen die Materie weniger verdichtet ist, und diese schwingen in unterschiedlichen Frequenzen. Diese Dimensionsebenen sind für die meisten Menschen unsichtbar und nicht direkt wahrnehmbar. Sie existieren mit unserer eigenen Welt Seite an Seite und füllen möglicherweise sogar denselben Raum. Wenn man jedoch seinen „sechsten“ oder „siebten“ Sinn aktiviert, sind diese wahrnehmbar. Unsere grobstoffliche Welt ist nur eine von vielen mehrdimensionalen Welten unterschiedlicher stofflicher Dichte und verschiedener energetischer Schwingungsebenen.

Das Jenseits kann man sich als parallele Dimension zu der unsrigen vorstellen. Dort gibt es keine Zeit und keinen Raum, und Energien schwingen wesentlich höher als unsere. Da wir auf einer niedrigeren Frequenz schwingen, können wir die Botschaften aus der Geistigen Welt nicht wahrnehmen, obwohl wir nebeneinander existieren. Durch regelmäßiges Meditieren können wir aber unsere eigene energetische Schwingung so erhöhen und unsere geistigen Antennen so ausrichten, dass wir der Frequenz dieser höheren Dimension ein Stück näherkommen. Gleichzeitig bemühen sich die aus unserer Sicht „Verstorbenen“

und Geistführer, sich unserer energetischen Schwingung anzugleichen. Medien und sensitive Menschen sind in der Lage, sich auf diese Weise mit der Geistigen Welt zu unterhalten wie mit einem Menschen, der direkt neben ihnen steht.

Wenn ein Mensch gestorben ist, lebt er also prinzipiell in der gleichen Welt wie wir, nur in einer anderen Schwingungsfrequenz, in einer Dimension, die wir auch die *„andere Wirklichkeit"* nennen können. Er wechselt bloß seinen Schwingungszustand. Der Unterschied zwischen Diesseits und Jenseits liegt also nicht im Raum, sondern in der Frequenz der Schwingungen.

Stellen wir uns eine höhere Schwingung wie einen Ventilator vor, dessen Rotorblätter rotieren. Wenn er langsam läuft, erkennen wir die einzelnen Rotorblätter noch. Wenn er aber schneller läuft, können wir die Blätter nicht mehr einzeln wahrnehmen. Sie sind jedoch trotzdem da, und man wird sich daran verletzen, würde man versuchen, in den Ventilator zu greifen. Wir schwingen auf einer niedrigeren Ebene, in der Gedanken und Worte eine verzögerte Auswirkung haben.

In der Geistigen Welt geschieht alles im Hier und Jetzt. In dem Moment, in dem ich etwas über dich denke, wirst du das wissen, und ich werde sofort fühlen, welche Qualität meine Gedanken haben, die ich aussende. Wenn ich also denke, dass du blöd und unfähig bist, dann tut dir das weh, und das fühle ich dann auch sofort. Deshalb hörst du dort automatisch auf, gewisse Dinge zu denken, da du sie selbst in ihrer gesamten Wirkung spürst.

Eine niedrigere Frequenz kann in der Regel eine höhere Schwingung nicht durchdringen. Es ist aber möglich, dass ein höherer Wellenbereich einen niedrigeren überwindet. Seelen mit hoher Eigenschwingung können daher ungehindert in tiefere Sphären hinuntersteigen, während Seelen mit gröberer Frequenz in niedrigeren Jenseitsbereichen verbleiben, solange sich ihre Schwingung nicht erhöht. Für die Bewohner der Jenseitswelten ist somit der Einblick in unsere Diesseitswelt durchaus möglich.

Seelen in der Geistigen Welt sind also nicht alle jenseitigen Räume zugänglich. In einer medial übermittelten Botschaft wurde dies wie folgt erklärt:

„Wir können unsere Schwingung zwar verringern und der irdischen annähern, aber wir können sie nicht erhöhen in dem Wunsch, in die nächsthöhere Sphäre zu gehen, bis wir in unserer Entwicklung weit genug vorangeschritten sind."

Je höher die Schwingungsebene, umso „lichter" werden die Himmelssphären. In unserer Symbolsprache steht das Licht für Bewusstsein, für Erleuchtung und für Klarheit. Je höher die Entwicklung der Seele voranschreitet, desto klarer, reiner und schöner sind das Licht und die Atmosphäre.

Albert Einstein behauptete, dass nichts schneller sei als Licht. Das mag in der Physik gelten, aber in der Metaphysik gilt: ***Nichts ist schneller als ein Gedanke.***

In Gedankenschnelle können wir den Weltraum durcheilen, und im Bruchteil einer Sekunde werden unsere gedanklichen Vorstellungen viele Millionen von Lichtjahren entfernte Sternsysteme erreichen.

Die Quelle der Gedanken ist dabei nicht das menschliche Gehirn, sondern unser unbegrenztes Bewusstsein. Da unser geistiges Wesen sowohl im Diesseits als auch im Jenseits tätig ist, nehmen wir alle unsere Taten, jeden Gedanken und jedes Wort mit in die Geistige Welt.

Metaphysik bezeichnet all das, was sich über oder jenseits des Räumlichen, Physischen befindet: die astralen und höherdimensionalen Welten. Die metaphysische Ebene ist somit raumlos, gestaltlos und unendlich.

Die Welt des Spirituellen umfasst aber nicht nur die Unendlichkeit von Raum und Zeit, sondern auch die Ewigkeit. Ewigkeit bedeutet das zeitlose Sein jenseits aller Polarität von Raum und Zeit. Neben dieser zeitlosen, spirituellen Welt gibt es eine materielle Welt, bestehend aus zahlreichen Universen.

Das Leben entsteht aus den metaphysischen Regionen und ist Teil dieser metaphysischen Ebene und dieser spirituellen Wirklichkeit. Jegliches Wachstum bezieht seine Energie aus diesen metaphysischen Ebenen. Wie wäre es sonst möglich, dass aus einem Samenkorn ein riesiger Baum entsteht?

Nehmen wir zum Beispiel das Bild eines am Fenster vorbeifliegenden Vogels. Der Materialist sieht den Vogel links am Fenster auftauchen und denkt, jetzt habe der Vogel zu existieren angefangen. So lange er sichtbar ist, existiert er und ist real, und sobald er rechts aus dem Fensterblickfeld verschwindet, existiert er nicht mehr.

Der Metaphysiker weiß, dass sein kleines Blickfeld, also seine Sinneswahrnehmung, begrenzt ist und nicht die gesamte Wirklichkeit umfasst. Leben kann nur aus dem Blickwinkel der Metaphysik verstanden werden. Der materialistische Wissenschaftler sieht nicht das ganze Bild. Plötzlich ist ein Lebewesen da (es erscheint am Fenster), und irgendwann ist es weg (es stirbt und verschwindet aus dem Fensterblickfeld). Er sieht also den Körper des Vogels auftauchen und wieder verschwinden und denkt, dies sei Geburt und Tod. Da er mit seinen begrenzten Sinnen nicht mehr wahrnimmt, existiert für ihn auch der Vogel nicht mehr. Sein Bewusstsein ist auf materielle Dinge ausgerichtet und nicht auf spirituelle. Eine spirituelle Ausrichtung würde bedeuten, das eigene Bewusstsein von der Identifikation mit der Materie zu lösen.

Wir haben die Wahl der Ausrichtung unseres Bewusstseins, und ähnlich eines Scheinwerfers beleuchten wir ganz bestimmte Ausschnitte einer Bühne. Das ist die einzige wirkliche Freiheit des Individuums.

Aus metaphysischer spiritueller Sicht ist das Leben ewig. Nur die Körper, die Gefäße der Seelen, ändern sich. Auch in der spirituellen Welt haben wir einen Körper, aber einen spirituellen, eine rein geistige Lebensform. Tod in irdischer Hinsicht bedeutet, dass wir den physischen Körper verlassen und in die feinstofflichen Welten eingehen.

„Das, was den gesamten Körper durchdringt, ist unzerstörbar. Niemand ist imstande, die unvergängliche Seele zu zerstören. Dem materiellen Körper des unzerstörbaren, unmessbaren und ewigen Lebewesens ist es mit Sicherheit bestimmt, zu sterben."

(Bhagavad Gita, Vers 2.17-18)

Woher kommt die Information, welche die Materie formt?

In einem lebenden Körper muss es eine höhere Instanz, Intelligenz oder ein höheres Bewusstsein geben, welche die Billionen von Zellen und Lebewesen im Körper koordiniert und dafür sorgt, dass kein Chaos ausbricht. Ohne diese Koordination einer übergeordneten Instanz könnten sich die Zellen von alleine nicht immer wieder reproduzieren. Sie wüssten auch nicht, was zu tun ist, um ihren Wirtskörper gesund zu erhalten, damit er sich in rechter Weise entwickeln kann. Im Sterbeprozess zieht sich das Bewusstsein immer mehr zurück und startet ein Selbstzerstörungsprogramm. Damit wissen sofort alle Zellen und Lebewesen, dass sie nicht mehr zusammenarbeiten müssen. Sie lösen den Körper auf, den sie noch gemeinsam aufrechterhalten haben. Der Körper wird zersetzt, und man spricht von einer Leiche.

Das Bewusstsein ist nicht ein Produkt der Materie, sondern belebt sie.

Quantenphysiker haben erkannt, dass *Materie von Bewusstsein beseelt wird,* oder, anders ausgedrückt:

Feinstoffliche Energie formt die grobstoffliche Materie.

„Hinter jeder grobstofflichen Form wirkt ein feinstoffliches Muster, das seinerseits von einer immateriellen Quelle aktiviert wird“, erklärt *Armin Risi.*

Beispiele dazu hat er in seinem Buch *„Unsichtbare Welten“*[15]aufgeführt.

Prof. Ian Stevenson berichtet von Kindern, die in ihrem letzten Leben ermordet wurden. An der Stelle, wo sie durch tödliche Schüsse oder durch Stiche tödlich verletzt worden waren, zeigten sich im neuen Körper Muttermale oder Narben. Diese grobstoffliche Verletzung hat sich also auf den feinstofflichen Körper übertragen, wurde dort gespeichert und ging dann in den neuen Körper ein.

---

15 Armin Risi: *„Unsichtbare Welten“, Band 2, S 87 f (2017)*

In der Schulmedizin kennen wir den Ausdruck *„psychosomatische Krankheiten"*, was bedeutet, dass psychische Vorstellungen zu physischen Krankheitssymptomen führen. Man sagt, die schlimmste Krankheit sei die Diagnose. Wenn der Patient erfährt, dass er eine tödliche Krankheit hat und *glaubt*, jetzt sterben zu müssen, dann hat er auch keinen Willen mehr, andere Heilmethoden auszuprobieren. Er verliert seinen Lebenswillen und stirbt.

Wir kennen auch den Effekt eines Placebos. Wenn man glaubt, dass ein bestimmtes Medikament, das keine Wirkung hat, zur Gesundheit beitragen würde, dann kann eine Besserung eintreten. Der Glaube kann Berge versetzen, und immer wieder hören wir von Spontan- und Wunderheilungen.

Vor allem in der Bibel wird uns von den vielen Wunderheilungen *Jesu* berichtet.

In *Matthäus 9, 20* lesen wir zum Beispiel von einer Frau, die seit zwölf Jahren an Blutfluss litt. Sie trat von hinten an Jesus heran und berührte den Saum seines Kleides und sprach zu sich selbst: Könnte ich nur sein Kleid berühren, so würde ich gesund. Jesus wandte sich um und sagte: *„Sei getrost, dein Glaube hat dir geholfen."* Und die Frau ward gesund.

Da der Mensch jedoch nur sieht, was vor seinen Augen ist, und nur hört, was er mit seinen Ohren wahrnimmt, lehnen die meisten Wissenschaftler die Unterscheidung von Geist und Materie ab. Sie glauben, dass Materie sich selbst organisiert und lebende organische Formen sowie Geist und Bewusstsein hervorbringt.

Bewusstsein ist die spirituelle Energie eines Schöpferwesens, und Schöpferwesen sind wir alle. Kraft unserer Gedanken und Gefühle erschaffen wir unsere eigene Realität. Dass physische Körper durch eine Verdichtung von höherdimensionaler Energie entstehen können, ist ein naheliegender Schluss aus den Erkenntnissen der Quantenphysik. Alle materiellen Formen entstehen direkt oder indirekt durch die Beseelung, die vom Spirituellen ausgeht. Der stoffliche Körper wird also von einer höheren Energie beseelt und geformt nach dem Muster des feinstofflichen Körpers. Diesen Vorgang der Materialisation aus höheren Dimensionswelten nennt man **Involution.**[16] Bewusstsein verdichtet sich zur materiellen grobstofflichen Welt, ähnlich wie Dampf kondensiert und zu Wasser und Eis wird. Durch diesen Prozess verlieren wir jedoch das Bewusstsein unserer wahren Natur. Es ist so, als wenn ein Tropfen aus dem Ozean kondensieren würde, und indem er erkennt, dass er ein Tropfen geworden ist, vergisst er, dass er einst ein Teil des Ozeans war und es auch weiterhin bleibt.

Nach altindischen Überlieferungen erschien der Mensch vor rund zwei Milliarden Jahren. Die Fossilien zeigen, dass die Welt bereits lange Zeit davor voll von Pflanzen und Tieren war. Jedes Tier und jede Pflanze ist mit seinem/ihrem Schöpferwesen verbunden. Der Grund für das Entstehen des Menschen war kein materieller, sondern ein spiritueller. Nur in der Polarität, die das irdische Leben uns bietet, können wir uns als die göttlichen Wesen, die wir sind, in unserer ganzen Fülle erleben und erfahren. Die Erde dient uns als „Schulungsplanet“, um unsere selbst gestellten Lebensaufgaben durchleben zu dürfen und uns somit weiter entwickeln zu können.

16 Armin Risi: *„Ihr seid Lichtwesen“, S.24, (2019)*

Aber vielleicht sind wir Menschen auch die in der Bibel beschriebenen *„gefallenen Engel"*, die aus einem Missbrauch des freien Willens heraus einen Irrweg von Illusion und Leid eingeschlagen haben? Ihnen wird die Möglichkeit geboten, wieder den Weg des Lichts zu wählen. Den Fall der Engel können wir in verschiedenen Bibelstellen nachlesen (*Jesaja 14, 12-14, Lukas 10, 18*).

Das darwinistisch-materialistische Weltbild beschränkt sich auf die Materie und vertritt den Glauben, der Mensch sei durch eine Evolution von Tieren entstanden, und sieht den Ursprung des Menschen nicht in höheren Welten. Fossilien gelten oft als Beweise für die Evolution der verschiedenen Arten, doch das sind sie nicht. In den frühen Erdzyklen waren die Körper der Menschen höherdimensional, das heißt, für die heutigen Menschen unsichtbar, da sie noch in höheren Schwingungen lebten. Deshalb hinterließen diese Menschen auch keine Fossilien. Es ist somit ein Trugschluss zu meinen, man könne auf Grundlage von Knochenfunden die Geschichte der Menschheit rekonstruieren.

Die Evolutionstheorie geht jedoch von einer langsamen Entstehung der Arten, Gattungen und Familien aus, angefangen bei den urzeitlichen ersten Lebewesen, den Einzellern. Alle Fossilien zeigen jedoch auf keiner Stufe irgendwelche Übergangsformen, sondern voll ausgebildete Exemplare der jeweiligen Art, unabhängig davon, ob diese heute noch existiert oder ausgestorben ist.

Wir wissen auch von früheren Zivilisationen, die ähnliche technische Errungenschaften und Energieformen hatten wie wir, zum Beispiel auch die Atomenergie. Ihr Fortschritt war so weit vorangetrieben, dass sie sich in eine derart massive Selbstzerstörung gestürzt haben, dass heute keiner mehr weiß, dass es diese Zivilisationen jemals gegeben hat.[17]

☆

Die heutige Wissenschaft hat nur die eine Seite der Wirklichkeit erforscht, die leblose Materie. Nur was man sehen und messen kann, erscheint ihr als wirklich. Allein schon die Existenz unseres Geistes weist jedoch schon darauf hin, dass es jenseits des Mess- und Wägbaren noch mehr geben muss.

Einige Wissenschaftler, Physiker und Astrophysiker vertreten mittlerweile die Ansicht, dass es noch viele unerforschte Dimensionen außerhalb von Raum und Zeit geben muss, die einer anderen Wirklichkeit zuzuordnen sind.

Der Astrophysiker *Stephen Hawking* vertritt in seinem Buch *„Das Universum in der Nussschale"* die Auffassung, dass es neben unserer irdischen Welt noch Parallel-Welten und Doppelgänger-Welten von sehr hoher Frequenz in anderen Dimensionen gibt. Unsere Welt ist nur eine von vielen Welten inmitten eines höherdimensionalen Raums. Nur das materialistische Denken hält die grobstoffliche Körperwelt für die einzige Wirklichkeit.

Für *Beat Imhof* ist Energie der Grundstoff der gesamten Schöpfung. Sowohl das Diesseits als auch das Jenseits bestehen aus Energie in unterschiedlichen Schwingungszuständen. Alle Dinge bestehen aus schwingender, vibrierender und pulsierender Energie. So gesehen ist alles Geschaffene nichts anderes als verdichtete Energie.

---

17 Rudolf Steiner: *Vorträge vom 16. Und 23.12.1904*

In unserer Welt kennen wir vier physikalische Grundkräfte:

1. Die Schwerkraft.
2. Die elektromagnetischen Schwingungen der Licht- und Wärmewellen, Radio- und Röntgenstrahlen.
3. Die Wechselwirkung, welche die gewaltige Energie des Atomkerns zusammenhält.
4. Die Wechselwirkung, welche die Elektronen in ihre Kreisbahnen um den Atomkern zwingen.

Diese vier grundlegenden Kräfte sind an jedem Phänomen in der materiellen Welt beteiligt. Sie sind im Augenblick des Urknalls oder kurz danach entstanden und bestimmen seit rund vierzehn Milliarden Jahren Struktur und Verhalten der Materie in unserem Universum.

Neben diesen vier genannten Grundkräften gibt es noch zwei weitere Kräfte, nämlich die *psychische Energie*, welche man in verschiedenen Kulturen *Prana* oder *Chi* nennt. Sie wird auch als Lebensenergie bezeichnet, mit der alle Empfindungen beschrieben werden. Dazu zählen Phänomene wie Hellsehen, Hellfühlen, Hellhören, Hellriechen, Hellschmecken, Telepathie und Telekinese.

Die sechste Grundkraft ist die *Kraft des Geistes*, auch Mentalenergie genannt, die vom höheren Bewusstsein ausgeht. Diese Energie kann auch unabhängig und außerhalb des menschlichen Gehirns tätig sein, denn Gedanken sind geistige und nicht materielle Kräfte. [18]

18 Beat Imhof: *„Warum und wozu sind wir auf der Erde" (2015), S314*

Es gibt verschiedene Methoden der Jenseitsforschung. Eine wichtige ist die Arbeit mit spirituellen Medien.

Hildegard von Bingen schrieb in einem Brief:

„Von meiner Kindheit an erfreue ich mich der Gabe dieser Schau in meiner Seele bis zur gegenwärtigen Stunde, wo ich doch schon mehr als siebzig Jahre alt bin."

Als Medium bezeichnen wir eine Person, die aufgrund einer speziellen Veranlagung oft schon in früher Kindheit zu paranormalen Erlebnissen neigt.

Ein Medium geht in Trance, um mediale Botschaften aus der jenseitigen Welt zu erhalten und die Angehörigen zu trösten. In diesem Sinne könnte man ein Medium auch als den besten Trauertherapeuten bezeichnen, den man sich nur vorstellen kann, da es den Hinterbliebenen hilft, die Trauer besser zu verarbeiten. Ein Medium gibt Hilfestellung für das Leben, die spirituelle Entwicklung und die persönliche Entfaltung.

Vielen Medien wird unterstellt, dass sie Informationen über ihre Klienten erlangen, indem sie auf kleinste Hinweise im äußeren Verhalten oder auf ihre Worte achten, Fragen stellen, um dann möglichst allgemeine Informationen zu geben, die auf jeden zutreffen können. Das wird auch als *„Cold Reading"* bezeichnet.

Sicherlich gibt es tatsächlich solche Medien, deren ethische Grundsätze nicht sehr ausgeprägt sind oder die sich selbst als begabtes Medium einschätzen, ohne tatsächlich die entsprechenden Fähigkeiten und die notwendige seriöse Ausbildung für diese verantwortungsvolle Aufgabe mitzubringen.

Eine weitere beliebte Vermutung ist, dass Medien durch außersinnliche Wahrnehmung das Unterbewusstsein ihrer Kunden anzapfen.

Bekannte Medien wie *James van Praagh, Gordon Smith* und viele andere wurden unter Laborbedingungen auf ihre Fähigkeiten hin überprüft. Alle Sitzungen wurden auf Video aufgezeichnet und über einen Fernsehkanal öffentlich ausgestrahlt. Die verschiedenen Medien wurden vor laufender Kamera mit demselben Sitter (Versuchsperson) konfrontiert. Auf diese Weise konnten ihre Aussagen verglichen werden. Das Ergebnis dieser Forschungen war, dass alle Testmedien bis zu 85% übereinstimmende Aussagen über konkrete Sachverhalte, wie beispielsweise den Suizid des Sohnes einer Versuchsperson, abgaben. Eine Kontrollgruppe sollte versuchen, durch bloßes Raten Informationen zu geben. Die Kontrollgruppe erzielte nur 36%.

Vor allem das Medium *Gordon Smith* wurde über viele Jahre an der Universität Glasgow durch Demonstrationen seiner medialen Fähigkeiten von Studenten, Professoren sowie der Öffentlichkeit getestet. Die statistische Aussage seiner Resultate zeigte für den jeweiligen Empfänger stets einen hohen Grad an Genauigkeit.[19]

Da jedoch viele Scharlatane auf diesen Markt drängen, werden Medien im Bild der Öffentlichkeit nicht ernst genommen. Man sollte sich aber dadurch nicht verleiten lassen, die Augen vor den wirklich medial begabten, fähigen und auch entsprechend ausgebildeten Medien zu verschließen.

Die meisten Medien versuchen also nichts anderes, als den Hinterbliebenen zu helfen, ihre Trauer zu verarbeiten und die Gewissheit zu vermitteln, dass das Leben nach dem Tod nicht endet. Es geht sozusagen um praktische Lebenshilfe.

Auch wenn dies öffentlich nicht bekannt ist, nimmt auch die Polizei inoffiziell die Hilfe von Medien in Anspruch, um Verbre-

19 Gordon Smith *„Das Beste aus beiden Welten: Meine Lebensgeschichte als spirituelles Medium“ (2015)*

chen aufzuklären und mit Erfolg vermisste Personen aufzufinden.

Den ersten Zugang zu einem seriösen spirituellen Medium hatte ich, als vor einigen Jahren meine Schwiegermutter verstarb, und meine Frau, die mit ihrer Mutter sehr eng verbunden war, aus ihrer tiefen Trauer heraus einen Termin bei einem Medium vereinbarte.

Vorab hatte dieses Medium keinerlei Informationen über uns, nicht einmal unser Name war ihr bekannt. Wir erwarteten uns, ehrlich gesagt, nicht viel, doch schon in den ersten Minuten dieses *Sittings* gab es keinerlei Zweifel mehr, dass meine Schwiegermutter wirklich und tatsächlich mit uns Kontakt aufnahm. Sie ließ uns auf ihre ganz spezielle Art wissen, dass es ihr gut gehe, sogar ihr Tonfall und die Wortwahl waren die ihre. Sie hatte genau mitbekommen, wie ihre Beerdigung gewesen war, dass wir am Grab noch ihr Lieblingslied gesungen hatten, bedankte sich für die Zuwendung während ihrer letzten Stunden und schilderte exakt, wie ihr Tod aus unserer und aus ihrer eigenen Sicht abgelaufen war. Sie machte kleine Insider Witze, deren Bedeutung nur meine Frau und ich kannten, und freute sich über die Kreuzfahrt, die wir vor kurzem gebucht hatten. Kurzum, wir verließen den Raum strahlend vor Glück und hatten das Geschenk unseres Lebens bekommen! Die tatsächliche Gewissheit – nicht nur den Glauben oder die Hoffnung –, dass es weitergeht auf der anderen Seite.

Du kannst jederzeit mit der Geistigen Welt Kontakt aufnehmen. Dazu bedarf es nicht unbedingt der Hilfe eines Mediums. Jeder hat diese Begabung, und diese kann durch mediale Schulung gefördert und weiterentwickelt werden. Du musst nur einen bestimmten Trancezustand erreichen, den du durch regelmäßiges Meditieren erlangen kannst. Der „direkte" Draht zur jenseitigen Welt und die Sinnesfenster zum Jenseits können geöffnet werden. Du bist dann empfänglich für Botschaften aus der Geistigen Welt, weil du deine Wahrnehmung auf eine höhere Wellenfrequenz eingestellt hast. Voraussetzung sind natürlich Disziplin und Geduld.

Je öfter du dich mit der Geistigen Welt verbindest, desto besser, leichter und schneller wirst du einen Kontakt herstellen können, um Botschaften zu empfangen. Wichtig ist auch, dass du eine klare Absicht hast. Was möchtest du wissen, was für ein Zeichen möchtest du bekommen? Möchtest du Kontakt mit deinen Liebsten aufnehmen, oder wissen, ob du den richtigen Job hast, oder den richtigen Partner? Du bekommst immer die richtige Antwort, wenn du eine klare Absicht hast und klar in deiner Fragestellung bist. Beobachte deine Gedanken. Womit beschäftigst du dich, oder was beschäftigt dich? Sind es positive Gedanken und Gefühle, oder negative? Mache dich frei von negativen oder ängstlichen Gedanken. Was geht in dir vor?

Hör auf deine Intuition. Sie ist die Sprache deiner Seele. Achte auf Zeichen, die dir geschickt werden. Dies kann eine Feder oder ein Schmetterling sein, der vorbeifliegt. Es könnte auch ein Lastwagen sein, der vorbeifährt mit einem bestimmten Schriftzug, oder ein Autokennzeichen mit einer bestimmten Buchstaben- oder Nummernfolge, ein Lied, das im Radio gespielt wird und dir deine Frage beantwortet.

Vielleicht fällt dein Blick auf einen Buchtitel. Auch wenn verschiedene Menschen dir oft das Gleiche erzählen, kann das ein Zeichen sein, oder ein T-Shirt mit einer Aufschrift, das jemand trägt. Träume können ebenfalls Botschaften bringen. Vielleicht nimmt man auch einen bekannten Duft wahr, den man mit jemandem assoziiert, den man liebt. Diese Zeichen von „drüben" können dich über alle deine Sinne erreichen.

Das Universum schickt dir jeden Tag Zeichen, du musst sie nur erkennen. Je mehr du dafür offen bist, desto mehr Antworten wirst du bekommen. Je mehr du im gegenwärtigen Moment bewusst lebst, umso leichter empfängst du ein Zeichen.

Wenn du ein Zeichen bekommst, meinst du vielleicht oft, es sei doch nur ein Zufall.

Albert Schweitzer sagte dazu:

„Zufälle sind nur Gottes Weg, anonym zu bleiben."

Je mehr *„Zufälle"* dir begegnen, desto mehr bist du mit der Geistigen Welt und dem Universum verbunden. Versuche jedoch nicht, etwas zu erzwingen. Je mehr du erzwingen möchtest, ein Zeichen zu empfangen, desto mehr blockierst du dich. Der Kontakt wird dadurch blockiert, und deine Lieben haben Mühe, zu dir durchzukommen.

Sobald du ein Zeichen erhältst, frage dich, was dieses Zeichen für dich bedeutet. Die Geistige Welt wird dir eine Antwort geben. Wenn du glaubst, dass dieses Zeichen von einem lieben Verwandten ist, schließe deine Augen und atme ein paar Mal tief ein und aus, und lade die Person ein, in dein Energiefeld zu treten. Lass sie in deine Gedanken kommen und nimm sie wahr. Nach diesem Austausch bedanke dich bei ihr und sage ihr, dass sie wieder zurücktreten darf.

Durch den Kontakt mit der Geistigen Welt kannst du zu einem Menschen werden, der freier wird in seinem Ausdruck und Widerstände, Ängste und Blockaden leichter überwindet. Du kannst deine Energie und Präsenz verstärken und dein tiefstes Inneres besser kennenlernen.

Die Geistige Welt spricht zu dir über die Sprache der Gefühle.

Das bekannte schottische Medium *Gordon Smith* nahm an einem Experiment an der Universität in Glasgow teil, das sich mit Telepathie beschäftigte. Man wollte seine medialen Fähigkeiten testen. Bei einem dieser Tests ging es um Telepathie. Eine Person sollte verschiedene Symbole, wie zum Beispiel einen Kreis, einen Stern, ein Quadrat oder ein Rechteck einer anderen Person, also dem spirituellen Medium, das sich in einem anderen Raum befand, mittels Gedankenübertragung schicken.

Gordon sagte, dass dies ohne ein damit verknüpftes Gefühl nicht gut funktionieren würde. Man hat also die Person, die das Symbol visualisierte, gebeten, einen persönlichen Bezug zu diesem Symbol herzustellen und während des telepathischen Sendens des Symbols ein damit assoziiertes Gefühl zu empfinden. Gordon empfing das Bild eines Kreisverkehrs und Trauer. Es stellte sich heraus, dass die Frau an einen Kreis dachte und dabei an eine Freundin, die in einem Kreisverkehr einen tödlichen Unfall gehabt hatte.

Darf man aus religiöser Sicht heraus Kontakt mit der Geistigen Welt aufnehmen? In der Bibel steht, dass man *„die Toten ruhen lassen soll.“* Das bedeutet allerdings nur, dass wir akzeptieren müssen, dass jemand nicht mehr hier auf Erden ist, sondern in der Geistigen Welt. Es ist uns gar nicht möglich, selbst wenn wir das wollten, jemanden in seiner Ruhe zu stören. Kein Mensch und auch kein Medium ist in der Lage, jemanden aus der Geistigen Welt willentlich herbeizurufen.

Der „Verstorbene“ nimmt Kontakt mit dem Medium auf und nicht umgekehrt. Unsere Lieben dort drüben warten oft sehnlich auf eine Gelegenheit, um uns zu signalisieren, dass es ihnen gut geht, sie weiterhin existieren und an unserem Leben interessiert sind. Wenn du verreist, meldest du dich doch auch bei deiner Familie, um mitzuteilen, dass du gut angekommen bist, dass es dir gut geht und sich niemand um dich Sorgen machen muss. Nichts anderes findet bei einem Jenseitskontakt statt.

Bei speziellen Anlässen wie Hochzeiten, Beerdigungen und größeren Familienfeiern bekommen wir oft Besuch von unseren Lieben aus der jenseitigen Welt. Sie können uns auch Zeichen geben, wenn sie das wollen.

Als unsere Familie sich nach dem Tod der Mutter zu einem gemeinsamen Essen traf, erschien zum Beispiel allmählich ein wunderschöner, riesengroßer doppelter Regenbogen am Himmel über uns. In diesem Moment war uns allen klar, sogar den Familienmitgliedern, die mit Spiritualität nicht viel anfangen konnten, dass sich jetzt gerade etwas ganz Besonderes ereignete und unsere geliebte Mutter spürbar bei uns war.

In der Bibel ist oft auch die Rede von Kontakten mit der Geistigen Welt.

Einer der bekanntesten biblischen Erzählungen über Kontakte durch Medien ist der Bericht des Königs *Saul* über seine Erlebnisse mit der Totenbeschwörerin von Endor.

König *Saul* wollte Kontakt mit *Samuel* aufnehmen, um von seinem Schicksal zu erfahren. In 1. Samuel 28, 13-19 heißt es:

„Und der Herr wird auch Israel mit dir in die Hand der Philister geben. Morgen wirst du mit deinen Söhnen bei mir sein. Auch das Heerlager Israels wird der Herr in die Hand der Philister geben.“

An einer anderen Stelle in der Bibel hörte *Moses* die Stimme Gottes aus einem brennenden Dornbusch – das wird als Hellhören bezeichnet.

Jesus erschien seinen Jüngern nach seiner Kreuzigung, was eine Manifestation der physischen Medialität war.

Medien wurden jedoch aus mangelndem Wissen und Unverständnis über Jahrhunderte verfolgt und als Hexen verbrannt. Sogar Jesus, der mit göttlicher Kraft Menschen heilte, wurde verfolgt, beschimpft und ausspioniert, weil er angeblich einen Pakt mit dem Teufel hatte.

Bei Jenseitskontakten stehen Medien bei der Beantwortung von Fragen ein Geistführer und ein Stab jenseitiger Helfer zur Verfügung, was man auch als *„Spirit Team"* bezeichnet. Manchmal wird auch ein *„Spezialist"* aus einem bestimmten Themenbereich hinzugezogen, wenn dieser benötigt wird.

Ich kann mir vorstellen, dass die allmähliche Schwingungserhöhung unseres Seelenkörpers und Anpassung an die höheren Frequenzen unser Bewusstsein derart verändern wird, dass in nicht allzu ferner Zukunft nicht nur Medien, sondern jeder diese Geistwesen auch mit seinen eigenen Augen wahrnehmen wird.

Einer der ersten und bekanntesten Jenseitsforscher war *Emanuel Swedenborg*. In einer persönlichen Glaubenskrise erlebte er eine Schau in die jenseitige Welt, die sich im Verlauf der nächsten drei Jahrzehnte regelmäßig wiederholte.

Stanlslav Grof hat während dreißig Jahren außerkörperliche Erlebnisse aufgrund von LSD-Experimenten geforscht. Er konnte nachweisen, dass es tatsächlich hirnunabhängige Bewusstseinszustände gibt.

Ähnlich verhält es sich bei den spontanen Astralreisen völlig gesunder Menschen.

Robert A. Monroe erlebte selbstgesteuerte außerkörperliche Zustände mit klarem Bewusstsein. Er hat im Verlauf von fünfzehn Jahren rund dreitausend derartige Versuche experimentell erforscht. Mit seinen Erkundungsreisen im Astralbereich konnte er das Überleben und das Weiterleben jenseits der materiellen Welt und außerhalb des erdgebundenen Raum-Zeit-Kontinuums nachweisen.[20]

Dr. Michael Newton hat in 30 Jahren seines Berufslebens aufgezeichnet, wie sich Klienten während tiefer Hypnose an vergangene Vorleben und auch an den jeweiligen Zeitraum zwischen ihren Leben erinnern.[21]

Nach einer Gallup-Umfrage aus den achtziger Jahren sollen sich vierunddreißig Prozent aller Erwachsenen mindestens einmal in ihrem Leben bewusst außerhalb ihres Körpers befunden haben.

Sehr beeindruckendes Forschungsmaterial über Nahtod-Erlebnisse von Menschen, die klinisch tot waren und durch medizinische Maßnahmen ins Leben zurückgeholt wurden, hat

---

20 Buchtipp: Robert A. Monroe: *„Der zweite Körper: Astral- und Seelenreisen in ferne Sphären der geistigen Welt"*, Taschenbuch – Ungekürzte Ausgabe, 5. Februar 2007

21 Buchtipp: Michael Newton *„Die Abenteuer der Seele" 2015*

Bernard Jacoby, der bekannte Berliner Sterbeforscher und Autor, gesammelt.[22]

Im Jahr 1872 wurde in England unter der Bezeichnung „Society For Psychical Research" (S.P.R.) die erste parapsychologische Forschungsgesellschaft gegründet. Zu den ersten Mitgliedern zählte der Journalist *William T. Stead,* der 1912 mit der Titanic unterging. Unmittelbar danach diktierte er auf medialem Weg seiner Tochter einen ausführlichen Bericht über das Schiffsunglück und beschrieb gleichzeitig seinen Aufenthalt im Jenseits.

Im „Ägyptischen Totenbuch" und im „Tibetischen Totenbuch" ist ebenfalls von außerkörperlichen Erfahrungen in der Astralwelt die Rede. In dieser nächsthöheren Dimension, in die wir übertreten, sobald wir den physischen Körper verlassen haben, finden wahrscheinlich alle Menschen kurz nach ihrem Tod eine vorläufige Aufnahme. Dies ist der Ankunftsort aller Neuangekommenen, den man auch als „Ankunftsebene" bezeichnen kann.

Jesus sprach in diesem Zusammenhang vom Paradies, als er den zu seiner Rechten hängenden Schächer am Kreuz auf diesen Ort hinwies mit den Worten:

„Ich sage dir, du wirst noch heute mit mir im Paradies sein."

Diese Dimension ist aber nicht das, was die Kirchen unter ihrem Himmel verstehen.

Auf dieser Ankunftsebene findet eine erste (Wieder-) Anpassung an die veränderten Daseinsbedingungen statt. Viele haben oft noch gar nicht begriffen, dass sie tot sind und nun andere „Gesetze" als auf Erden gelten.

---

22 Buchtipp: Bernard Jacoby: *„Das Leben danach: Was mit uns geschieht, wenn wir sterben"* Taschenbuch – 2. August 2004

So ziehen sich zum Beispiel in der jenseitigen Welt Bewusstseinszustände, die in ihrer Frequenz gleich oder ähnlich schwingen, gegenseitig an – gemäß dem Geistigen Gesetz: *Gleiches zieht Gleiches an.* Somit finden sich Gleichgesinnte am gleichen Ort und in gleicher Gesellschaft zusammen.

Darauf wies auch schon ***Jesus*** hin, als er sagte:

„In meines Vaters Haus gibt es viele Wohnungen."

Die jenseitige Welt besteht aus einem geschlossenen System von Sphären unterschiedlicher Dichte und Wellenlänge, die miteinander verwoben sind. Der Seelenzustand der Seelen, die dort wohnen, spiegelt sich in ihrer äußeren Umgebung wider, und der Grad ihrer geistigen Entwicklung bestimmt die Dichte dieser Sphären.

Die Bandbreite aller Schwingungen im Diesseits wie im Jenseits reicht von der höchsten Schwingung bis hinunter zur festen Materie mit ihrer niedrigsten Schwingung. Je feinstofflicher ein Körper ist, desto höher ist seine Eigenschwingung. Der Astralkörper weist zum Beispiel eine höhere Schwingung auf als der grobstoffliche Körper. Aus diesem Grund sind Geistwesen für uns unsichtbar, während diese uns durchaus direkt wahrnehmen können, vor allem die Ausstrahlung unserer Gedanken und Gefühle. Die höchste Schwingungszahl weist das Licht auf.

Medial begabte Menschen sind in der Lage, ihren eigenen Schwingungszustand zu verändern, um Sinneseindrücke aus einer höher schwingenden Sphäre der Geistigen Welt zu empfangen. Verstorbenen wird es somit ermöglicht, auf diese Weise Kontakt aufzunehmen und ihr Weiterleben als Seele zu bestätigen.

Über Erscheinungen von Verstorbenen wurde schon viel berichtet.

Während der beiden Weltkriege kam es laut unzähligen Berichten immer wieder vor, dass Soldaten, die an der Front gefallen waren, kurz danach ihren Angehörigen in der Heimat sichtbar erschienen, um ihnen Kunde von ihrem Tod zu geben. Es ist nämlich möglich, seinen feinstofflichen Körper für kurze Zeit zu verdichten, um sichtbar zu werden. Dies geschieht durch die beim Verlassen des grobstofflichen Körpers freiwerdende Energie, die einen energetischen „Schub“ ermöglicht, der genutzt werden kann, um gewisse nachtodliche Phänomene zu erzeugen. Neben körperlichen Erscheinungen können dies zum Beispiel auch Geräusche sein, Klopfzeichen, elektrische Phänomene wie flackernde Lichter, sich durch Erscheinen im Traum zu verabschieden und vieles mehr. Dies wird als „Nachtodkontakt“ bezeichnet und tritt wesentlich häufiger auf als öffentlich bekannt.

Bekannt ist auch das Phänomen von sogenannten Spukgestalten. Das Wort „Spuk“ kommt aus dem niederländischen Wort *„spöken“* und bedeutet „als Geist herumgehen“ oder „herumgeistern“. Gestalten, die stets am selben Ort erscheinen, werden als ortsgebundener Spuk bezeichnet. Diese bewegen und benehmen sich merkwürdig stereotyp, fast wie Marionetten.

Bei Spukgestalten handelt es sich einfach um Erinnerungen oder Gedankenformen von Personen, die auf einem Gegenstand, einer Umgebung oder einem Ort gespeichert sind. Oder um leere Astralhüllen von Verstorbenen, deren Spuren wie Puppen oder Hülsen ohne Bewusstsein zurückgeblieben sind. Mit Erfolg wurden solche Phänomene von „Geisterjägern“ auch schon fotografiert und aufgenommen.

Es handelt sich aber bei ihnen nicht um vermeintlich verirrte Seelen, die nicht ins Licht finden und denen man jetzt den Weg dorthin zeigen müsste. Es ist, wie seriöse Medien uns immer wieder versichern, schlicht und einfach unmöglich, eine Seele daran zu hindern, ins Licht einzugehen. Nach dem körperlichen Tod geschieht das direkt von selbst durch Unterstützung von Helfern aus der Geistigen Welt. Menschliche „Nachhilfe" ist hier nicht notwendig.

Der Bewusstseinsforscher *Bruno Würtenberger* erklärt in einem Interview ein besonderes Phänomen, nämlich das des Phantoms:

Ängste zum Beispiel erschaffen Phantome, die selbst gemacht sind. Sie sehen aus wie Wesenheiten, können aber ohne dich nicht sein. Das heißt, wenn du sie nicht mehr erschaffst, lösen sie sich auf. Wenn du sie jedoch zu lange erschafft hast, haben sie so viel Kraft, dass sie eine gewisse Zeit auch ohne dich sein können. Wenn du sie dann nicht mehr länger nährst, suchen sie sich einen neuen Wirt und springen auf diesen über. Das ist der Grund, warum Alkoholiker oder Drogensüchtige auf andere mit der gleichen Sucht treffen. Ein Phantom kann aber niemanden besetzen, da es von dir selbst erschaffen wurde und nicht lange von dir weg sein kann. Es versucht, dass du am Ball bleibst und das tust, was es will.

Terminale Geistesklarheit

Wie schon erwähnt, ist unser Gehirn nicht in der Lage, Bewusstsein zu erzeugen, denn es funktioniert analog wie eine Fernsehantenne, wie ein Empfänger. Ist die Antenne defekt oder falsch ausgerichtet, können wir kein Bild mehr auf unserem Fernseher empfangen. Das heißt aber nicht, dass das Bild oder der Film weg ist. Diese Information ist nach wie vor vorhanden und befindet sich quasi überall im Raum um uns herum. Sobald die Antenne repariert oder neu ausgerichtet wurde, können wir das Bild wieder empfangen.

Das lässt sich gut an dem Beispiel einer Demenzerkrankung erklären.

Während des Verlaufs dieser Krankheit verliert ein Mensch zunehmend seine Erinnerungen. Man hat den Eindruck, dass sich die Persönlichkeit des Betroffenen auflöst. Aber dieser Mensch wird nicht nach und nach gelöscht, sondern nur seine „Antenne", seine Empfangsmöglichkeit, ist zunehmend gestört.

Vielleicht hast du schon einmal gehört, dass einige an Demenz erkrankte Menschen kurz vor ihrem Tod plötzlich wieder über ihre Erinnerungen verfügen und bei klarem Verstand sind. Die Erinnerungen waren eigentlich nie wirklich weg, der Betreffende konnte nur nicht auf sie zugreifen. Die Medizin nennt dieses Phänomen *„terminal lucidity"* („Terminale Geistesklarheit"), was sich bislang jeglicher wissenschaftlicher Erklärung entzieht.

Leider deutet dieses Phänomen nicht auf eine bevorstehende wundersame Genesung hin, sondern steht vielmehr für die Tatsache, dass der Tod unmittelbar bevorsteht. Diese plötzliche Klarheit des Bewusstseins lässt sich dadurch erklären, dass der feinstoffliche Körper sich vom stofflichen Körper ablöst, weshalb das Bewusstsein nun von den körperlichen Gegebenheiten nicht mehr beeinträchtigt wird.

Im Rahmen einer Studie gaben etliche Pfleger an, in den letzten fünf Jahren mindestens einmal die Rückkehr geistiger Fähigkeiten von dementen oder komatösen Patienten kurz vor dem Tod beobachtet zu haben. Plötzlich scheinen diese Menschen geistig wieder völlig klar zu sein, setzen sich auf und sind ansprechbar und richten an die völlig verblüfften Familienangehörigen eine letzte Botschaft mit wichtigen persönlichen Nachrichten. Dann legen sie sich entspannt zurück und verlassen ihre physische Hülle.

Stellvertretend aus den zahlreichen Beispielen dieser Phänomene aus dem Buch von *Michael Nahm* [23]möchte ich hiermit folgendes wiedergeben:

„Eine Frau, die seit langem stark dement gewesen war, begann plötzlich mit perfekter geistiger Klarheit zum Pflegepersonal des Heimes zu sprechen. Sie verlangte danach, mit ihrem Sohn zu sprechen. Das Personal setzte alle Hebel in Bewegung, ihn in das Heim zu bestellen. Er kam tatsächlich bald. Die beiden hatten eine erstaunliche Unterhaltung miteinander, in der sie sich über alles aussprachen und in absolutem Kontakt miteinander standen. Nach ein paar Stunden schwand die geistige Klarheit der Frau wieder. Sie starb am nächsten Tag."

Terminale Geistesklarheit tritt nicht nur bei Demenz auf, sondern bei vielerlei Erkrankungen, die mit lang anhaltenden Zuständen von Bewusstseinseintrübung und Koma einhergehen.

---

23 Michael Nahm *„Wenn die Dunkelheit ein Ende findet" (2012)*

Wenn das Bewusstsein tatsächlich nur eine biochemische Reaktion im Gehirn wäre, dürfte es dieses Phänomen nicht geben, weil durch Demenz, Hirnschlag oder Hirntumore die Hirnstrukturen, die das Bewusstsein und das Gedächtnis angeblich erzeugen, weitgehend bis vollständig zerstört werden.

Die letzte Stunde

„Für die Seele gibt es zu keiner Zeit Geburt oder Tod. Sie wird nicht getötet, wenn der Körper getötet wird."

Bhagavad Gita 2.20

Der Arzt **Dr. Reto Eberhard Rast** sagte einmal:

„Es ist doch wirklich interessant, wie wenig die Menschen sich mit dem Thema Tod auseinandersetzen, wobei das in unserem Leben die einzig „todsichere" Sache ist, die jeden früher oder später treffen wird."[24]

In den vergangenen sechzig Jahren ist diese *letzte Stunde* von zahlreichen Ärzten und Psychologen erforscht worden und gilt als ein völlig natürliches Geschehen am Ende unseres Lebens. Daraus hat sich inzwischen ein eigenes Wissens- und Forschungsgebiet unter dem wissenschaftlichen Namen *Thanatologie* entwickelt.

Wenn ein geliebter Mensch endgültig aus seinem Körper geht, dann sollten wir diese Entscheidung respektieren und ihn in Dankbarkeit und Liebe ziehen lassen. Sonst fällt es ihm schwerer, den Körper loszulassen, und der Sterbeprozess kann länger dauern und erschwert sein.

Wenn eine Seele bereit ist, ihren Körper zu verlassen, können kein Arzt und keine Maschine sie daran hindern, diesen Schritt zu tun. Wenn sie jedoch selbst aus vielerlei Gründen noch zögert, können medizinische Interventionen sehr wohl erschwerend wirken und dieses Zögern verstärken. Viel mehr als die Diskussion um das Abschalten eines Beatmungsgerätes

24 Autor unbekannt

oder die Reduktion der künstlichen Ernährung hilft die Zuwendung zur Seele des Sterbenden, um ihr zu helfen, ihren Körper loszulassen. Die Hospizarbeit leistet hier wertvolle Hilfe.

Nicht der Körper bestimmt den Zeitpunkt des Todes, sondern die Seele.

Aus den zahlreichen Interviews mit Sterbenden erforschte *Dr. Elisabeth Kübler-Ross* gewisse häufig auftretende, ähnlich verlaufende Erfahrungen, die Menschen an der Schwelle des Todes durchleben. Zu dieser Terminalphase gehören fast immer das Tunnelerlebnis, die Lichterscheinung und die Lebensrückschau.

Bei dem Tunnelerlebnis kommt es dem menschlichen Geist so vor, als ob er mit hoher Geschwindigkeit seinen Körper verlassen würde. Das hat mit der Erhöhung der Schwingung zu tun, die ein Gefühl der Beschleunigung bewirkt, da die Seele und der physische Körper mit ganz unterschiedlichen Frequenzen schwingen. In Fällen, bei denen die Seele den irdischen Körper plötzlich und abrupt verlässt, zum Beispiel bei einem Unfall oder Mord, kann es zu einer Reaktion kommen, die der Betreffende als Schub oder Stoß empfindet. Muss die Seele unerwartet schnell den physischen Körper verlassen, sei es bei einem tödlichen Unfall oder bei einem Sekundentod infolge Herz- oder Hirninfarkt, steht der Verstorbene plötzlich mit seinem Astralkörper am Ort des Geschehens, ist verwirrt und weiß oft nicht, was vorgefallen ist. Helfende Geistwesen sind aber immer zur Stelle und helfen ihm, sich zurechtzufinden, und begleiten ihn liebevoll in die jenseitige Welt.

Raymond A. Moody beschreibt den Übergang zumindest bei Nahtod-Erfahrungen wie folgt:

„In dem Moment, in dem ihr Herz zu schlagen aufhört, verlassen sie ihren physischen Körper und bewegen sich durch einen Tunnel auf ein Licht zu und finden sich auf der anderen Seite in einer liebevollen, unbeschreiblichen, hellen und phantastischen Umgebung wieder. Dort begegnen sie anderen spirituellen Wesen, bereits verstorbenen Verwandten und Freunden und erleben dann ihren eigenen kompletten Lebensrückblick in einer Art Hologramm mit jeder Aktion, allen Erinnerungen, Emotionen und auch den Empfindungen der involvierten Menschen. Einige können sich an die Rückkehr in ihren physischen Körper nicht mehr erinnern, in einem Moment waren sie in diesem Licht, im nächsten zurück in ihrem Körper. Andere wurden angewiesen, wieder ins Leben zurückzukehren, da noch unerledigte Aufgaben auf sie warten. Und wiederum andere hatten die Wahl, sich zu entscheiden, ob sie zurückgehen oder im Licht bleiben möchten."[25]

Von Skeptikern und Zweiflern wird gerne entgegengehalten, es handele sich bei diesen Wahrnehmungen lediglich um Halluzinationen und Illusionen, ausgelöst durch Medikamente, Sauerstoffmangel oder körpereigene Hormone. Es gibt jedoch zahlreiche, sehr gut belegte Fälle, in denen ein Sauerstoffmangel oder die Einwirkung von Medikamenten definitiv ausgeschlossen werden kann. Dafür sprechen vor allem die gut belegten Fälle von Blinden.

Dr. Kübler-Ross berichtet von blinden Menschen, die während einer Operation, in der sie durch eine medizinische Notfallsituation in Todesnähe gerieten, tatsächlich optische Wahrneh-

25 Johann Nepomuk Maier: *„Illusion Tod"(2017), S 92*

mungen machten. Sie waren nicht nur fähig zu sagen, wer das Zimmer betreten oder wer Wiederbelebungen durchgeführt hatte, sondern sie konnten mit aller Genauigkeit das Aussehen und die Kleidungsstücke aller Anwesenden beschreiben, eine Fähigkeit also, über die völlig Blinde auf keinen Fall verfügen.

Auch ***Michael Nahm*** berichtet von Menschen, die von Geburt an blind waren und ihre Nahtod-Erfahrung genauso schildern wie Sehende. Viele berichten sogar, dass das „Sehen" trotz der verwirrenden Fremdartigkeit dennoch eine ausgesprochen vertraute und natürliche Qualität hatte. [26]

Wenn sich das irdische Leben seinem Ende nähert, gerät der Körper sozusagen in Abbruchstimmung. Der Sterbende erlebt eine erste sanfte Lockerung zwischen Körper und Seele. Er fühlt sich leichter als sonst und erlebt Schwebezustände zwischen Traum, Schlaf und Wachbewusstsein. Je mehr ein Mensch in Wut, Hass, Angst und Schuldgefühlen feststeckt, desto schwieriger gestaltet sich sein Sterben, da er mit seinen unerledigten Dingen konfrontiert und somit noch zu sehr im Irdischen verhaftet ist.

Im Verlauf des Sterbeprozesses ändert das Bewusstsein seine Schwingung (Frequenz), und durch die Erweiterung des Bewusstseins hebt sich der Schleier zwischen beiden Welten ein Stück weit auf. Der Sterbende hat Zugriff auf beide Welten und sieht nur für ihn sichtbare, lange verstorbene Familienangehörige, Ehepartner, Freunde oder auch Tiere, die ihn abholen oder ihm Trost spenden wollen.

---

26 Michael Nahn: *„Wenn die Dunkelheit ein Ende findet"(2012), S183*

Vor seinem Tod sprach mein Schwiegervater zum Beispiel immer wieder mit seinem treuen Hund Ricke, der ihn im Krieg begleitet hatte.

Der Sterbeforscher ***Bernard Jacoby*** hat die Erfahrung gemacht, dass bei jedem Übergang in die andere Welt geistige Helfer und Verwandte anwesend sind, um die Seele in Empfang zu nehmen. Manchmal sind es aber auch andere geistige Wesen wie Engel, die dem Sterbenden als „Geburtshelfer" beistehen.

Meist handelt es sich bei diesem sogenannten „Empfangskomitee" um Menschen oder Tiere, die man am meisten geliebt hat. Diese Sterbebettvisionen sind normaler Bestandteil des Sterbeprozesses. Der Sterbende kann die jenseitige Welt nun bereits wahrnehmen und fühlt sich dadurch angenommen, geliebt und erwartet. Trotzdem bekommt er noch alles mit, was um ihn herum geschieht.

Häufig tritt der Tod ein, wenn Sterbende für kurze Zeit in ihrem Zimmer allein gelassen werden. Das ist für die Angehörigen oft ein Schock, aber der Sterbende hat oftmals Sorge, dass seine Angehörigen ihn zurückhalten könnten. Sterbende können wohl besser „loslassen", wenn sie allein sind. Der Sterbende verlässt dann oft seine irdische Hülle genau in dem Moment, wenn Angehörige kurz aus dem Raum gehen, um sich zum Beispiel eine Tasse Kaffee zu holen, was ein Beweis dafür ist, dass der Sterbende den Zeitpunkt seines Übergangs bis zu einem gewissen Grad selbst steuern und auch bestimmen kann.

In dieser Terminalphase wechselt das Wachbewusstsein mit einem kürzeren oder längeren schlafähnlichem Dahindämmern. Die räumliche und zeitliche Orientierung lässt nach, und es kommt zu einem Loslassen und einer Befreiung aller diesseitigen Bindungen.

Während der letzten Stunden eines Menschen werden die vier Grundstoffe (oder Urstoffe), nämlich Erde, Wasser, Feuer und Luft, aus denen der menschliche Körper aufgebaut ist, allmählich abgebaut.

Zuerst kommt es zu einem deutlichen Verlust an Körpersubstanz, weil das Hungergefühl schwindet und immer weniger Nahrung aufgenommen wird. Wenn jedoch künstlich in den Sterbeprozess eingegriffen wird, kann dieses das Sterben unsäglich verlängern.

Die Nahrung steht für das ***Erd-Element***. Der Sterbende hat keine Kraft mehr, Dinge festzuhalten, und das Gefühl, tief in den Boden zu versinken. Je mehr Gegenwehr aufgebracht wird, desto schwieriger gestaltet sich das finale Sterben.

Auch das ***Wasser-Element*** verlässt ihn zusehends bedingt durch Schweißabsonderung, die nicht mehr durch Trinken behoben werden kann, zumal der Durst immer weniger wird. Der Körper trocknet aus, sodass die Haut welkt. Am Schluss werden nur noch die Schleimhäute befeuchtet. Der Sterbende verliert die Kontrolle über seine Körperflüssigkeiten und kann seine Ausscheidungen nicht mehr kontrollieren.

In diesem Stadium treten rasselnde Lungengeräusche auf, was sich anhört, als würde er an seinem eigenen Wasser in der Lunge ertrinken, was aber nicht der Fall ist. Diese sogenannte Rasselatmung ist für die Angehörigen schwer zu ertragen. Der Sterbende hingegen nimmt diese, für Außenstehende dramatisch wirkenden Vorgänge glücklicherweise anders wahr. Die Seele beginnt mit der Ablösung vom Körper, und die Tore zur jenseitigen Welt sind geöffnet.

Das ***Feuer-Element***, das für die Regulierung der Körpertemperatur und den Wärmehaushalt zuständig ist, wird durch eventuell eintretendes Fieber und Schüttelfrost aufgebraucht. Arme und Hände, Beine und Füße werden kalt, weil die Blutzirkulation erlahmt. Der Blutdruck sinkt, der Puls wird schwächer.

Zuletzt setzt sich auch das ***Luft-Element*** ab. Der Sterbende atmet schwer, zeitweise ringt er nach Luft, dann holt er wieder tief Atem, und immer öfter setzt der Atem aus. Irgendwann dann hört er auf zu atmen, wobei es in der Folge zum Herzstillstand kommt und die Hirntätigkeit abbricht.

Schließlich reißt das feinstoffliche Band der Silberschnur, das Körper und Seele zusammenhält, was letztlich der eigentliche Moment des Todes ist. Die Seele befindet sich nun endgültig außerhalb des Körpers und kann nicht mehr in den Körper zurückkehren. Von der Silberschnur ist schon in der Bibel die Rede. Im *Buch Kohelet* (12, 6-7) heißt es:

„Ja, ehe die silberne Schnur zerreißt, die goldene Schale bricht, der Krug an der Quelle zerschmettert wird ... und der Atem zu Gott zurückkehrt, der ihn gegeben hat."

Die Sterbephase kann sehr unterschiedlich lange andauern. Oft erleben die Umstehenden sie als quälenden „Todeskampf", was aber nur ein letztes Aufbäumen des Körpers ist, dessen Organfunktionen allmählich versagen. Der Sterbende selbst nimmt dies nicht mehr bewusst wahr, da er meist nicht mehr bei vollem Bewusstsein ist. Währenddessen bemühen sich die jenseitigen Helfer um seine „zweite Geburt". Wir können diesen Übergang mit einem Schmetterling vergleichen, der sich mühsam aus seiner engen Puppe kämpft, seine Flügel ausbreitet und in sein neues Leben davonfliegt.

Menschen, die eine längere Leidenszeit erdulden mussten, erleben kurz vor ihrem Tod häufig eine deutliche Besserung ihres Zustands. Die Schmerzen lassen nach oder verschwinden ganz. Oft verlieren die Sterbenden schon Tage zuvor, ja, manchmal sogar erst in den allerletzten Stunden und Minuten, jegliche Angst. Manchmal wirken sie sogar euphorisch. Diese Reaktion, die als deutliches Wohlbefinden wahrnehmbar ist, stellt sich ein, weil sich der astrale Empfindungskörper allmählich vom physischen Körper löst. Außerdem nimmt der Sterbende zu diesem Zeitpunkt in der Regel schon die ersten Eindrücke von „drüben" wahr. Zum Beispiel wunderschöne Landschaften oder Farben, ein strahlend helles, aber nicht blendendes Licht und vielerlei mehr

Im Moment des Todes vollzieht sich ein Frequenzwechsel, wie wenn man zum Beispiel beim Radio von Mittelwelle auf Ultrakurzwelle umschaltet. Die Sinne nehmen die irdische Welt nur noch schemenhaft wahr. In diesem Zustand kann es zu außersinnlichen Wahrnehmungen kommen, manchmal hört der Sterbende Stimmen und Melodien, während er, äußerlich gesehen, nicht ansprechbar ist.

Die Sinneswahrnehmungen der irdischen Welt werden kurz vor dem Übergang immer schwächer. Als letzter Sinn gibt das Gehör seine Tätigkeit auf.

Eine merkwürdige Beobachtung machten die Ärzte der Universitätsklinik von St. Louis in den USA: Bei 85% bis 100% der Schwerkranken oder Altersschwachen trat drei Tage vor ihrem Tode ein vollständiger und dennoch reversibler Hörverlust ein, der zwischen fünf Minuten und zwei Stunden andauerte. Nach einer Langzeitstudie gilt dies als eines der Anzeichen für den bevorstehenden Tod.

Besonders Tiere können den nahen Übergang eines Menschen wahrnehmen, da sie einen anderen erweiterten Frequenzbereich haben als Menschen. Leider wird das auch heutzutage meist noch als Halluzination oder Wunschdenken des Sterbenden abgetan.

Dr. Kübler-Ross verzeichnete viele solcher Erlebnisse am Sterbebett von Patienten und fand heraus, dass in keinem einzigen Fall jemand als „Vision" erschien, der noch am Leben war. Es gibt belegte Fälle, in denen ein Angehöriger, von dem die Familie zu diesem Zeitpunkt noch nicht einmal wusste, dass er zwischenzeitlich verstorben war, den Sterbenden abholte und von ihm überrascht und freudig begrüßt wurde.

Zum Zeitpunkt des Todes und kurz danach können sich oft seltsame Vorfälle ereignen. Wie wir gehört haben, können unsere Lieben aus der jenseitigen Welt versuchen, uns Zeichen zu senden. Sie wollen sich auf diese Weise von ihren Angehörigen verabschieden. Ohne erkennbare Ursache lösen sich dann Bilder von der Wand, bleiben Uhren stehen, sind unerklärliche Klopfgeräusche zu hören, gehen Lichter an oder aus, klingelt das Telefon, oder Radio und Fernseher werden an- und abgeschaltet.

Diese Erfahrung machte ich mit meinem verstorbenen Bruder. Kurz nachdem er gestorben war, streikte die Elektronik meines Autos, sodass sich die Fahrzeugtür nur noch manuell öffnen ließ. Dies geschah beide Male, als wir auf dem Weg waren, um uns von ihm zu verabschieden, und auch etwas später auf der Fahrt zu seiner Beerdigung.

Auch als ein guter Freund von mir kürzlich verstarb, war das Standlicht meines Autos plötzlich defekt. Am nächsten Tag funktionierte es von ganz alleine wieder. Bei einem anderen Todesfall bekam eine neuwertige Kaffeemaschine beim Einschalten plötzlich einen Kurzschluss, bei dem die Funken flogen. Außerdem setzte die gesamte Telefon- und Internetanlage die Praxis eines Bekannten komplett und ohne andere Ursache außer Betrieb.

Zwei Bilder helfen uns, zu verstehen, was passiert, wenn die Seele ihren irdischen Körper verlässt:

Das erste Bild stammt aus der Chemie: Die Seele wechselt ihren Aggregatzustand. Dieser Vorgang ist uns beim Wasser vertraut. Wir erhitzen es, bis es kocht und schließlich verdampft. Der Dampf ist der neue Aggregatzustand.

Ein weiteres bekanntes Bild für den Sterbevorgang ist das bereits erwähnte Bild der Verpuppung der Raupe. Im Sterben verhält sich die Seele zum Körper wie der Schmetterling zur Puppe. Eine Zeitlang braucht er diese Puppe, da sie ihm Schutz gewährt. Wenn aber die Zeit reif ist, wird diese Schutzhülle zu eng und muss aufgebrochen und verlassen werden. Der Schmetterling entfaltet seine Flügel und schwebt frei und leicht davon. Allerdings braucht der Kokon oft lange, bis er sich öffnet, und der Schmetterling hat sich seine Flügel schwer verdient.

Uns sollte immer bewusst sein, dass, wenn wir einen Toten beerdigen, dies nur die abgelegte Hülle ist, der Kokon, den wir betrauern. Die Seele, also der Schmetterling, ist schon längst entflogen.

Im Sterbeprozess erfahren wir eine Loslösung des menschlichen Bewusstseins aus den Beschränkungen des Körpers, was eine enorme Erweiterung dieses Bewusstseins bedeutet und Erfahrungen ermöglicht, die in unserer gewöhnlichen Daseinsform kaum vorstellbar sind.

Oft kann man beobachten, dass sich ein Sterbender an seinem physischen Körper festklammert und sich mit dem Loslassen sehr, sehr schwer tut. Die Ursache liegt oftmals in der Angst vor dem Ungewissen. Vielleicht plagt ihn aber auch ein Fehlverhalten und der Glaube, dass er aufgrunddessen in die Hölle kommt, weil ihm das seine religiöse Überzeugung vorgaukelt. Für ihn ist es daher immens wichtig zu wissen, dass niemand für irgendetwas bestraft wird. Der himmlische Bereich ist eine Ebene der Liebe.

Sterben tut nicht weh, jedenfalls dann nicht, wenn man nicht dagegen ankämpft. Das heißt: Der Prozess des Sterbens ist freudvoller und leichter, wenn man sich nicht zu sehr an den physischen Körper festklammert Wir als Beobachter dürfen dem Sterbenden durchaus versichern, dass Sterben nicht dramatischer ist als abends einzuschlafen.

Diese Information kann für den Sterbenden sehr wichtig sein, da er dann seine Ängste leichter loslassen kann.

Das Verlassen der physischen Hülle fühlt sich Berichten zufolge wie ein Rausch oder eine Welle an, die von den Gliedmaßen aus nach oben steigt und letztendlich den feinstofflichen Körper aus dem physischen Körper herausschiebt. Manch einer springt sogar förmlich mit einem Freudensprung aus seinem Körper heraus, wie es mir von meinem Schwiegervater durch ein kompetentes Medium berichtet wurde. Die Silberschnur löst sich auf, und damit die Verbindung zu dem nun abgelegten physischen Körper. Wenn das Band der Silberschnur reißt, kann der feinstoffliche Körper nicht mehr in den physischen Körper zurück. Allerdings hat man dabei niemals das Gefühl, körperlos zu sein, weil sich der feinstoffliche Seelenkörper sehr ähnlich wie der physische Körper anfühlt. Nur ist dieser völlig gesund

und vital. Man ist schwerelos und kann schweben und mühelos physische Hindernisse, wie zum Beispiel Wände, durchdringen.

Und es gib, wie bereits erwähnt, immer ein „Abholkomitee" aus dem jenseitigen Bereich mit lieben Freunden und Verwandten, die den Sterbenden in Empfang nehmen. Sie bringen ihn dann „nach Hause". Sein Erinnerungsvermögen, zu dem er zu Lebzeiten keinen Zugang hatte, setzt ein, und ihm fallen all die Dinge wieder ein, die ihm vor dem Aufenthalt auf dieser Erde bewusst waren. Er erinnert sich an sein eigentliches Zuhause, an alle Freunde, die er jetzt wiedersehen wird. Eine durch und durch freudvolle Zeit für die heimkehrende Seele!

Die Angehörigen jedoch, die zurückgeblieben sind, sitzen weinend da und trauern, denn einen geliebten Menschen loszulassen ist natürlich schmerzhaft. Oft weiß man nicht, warum das jetzt geschehen musste. Manche machen sich Vorwürfe, dass man noch Zeit hätte gewinnen können, wenn man früher auf Symptome geachtet hätte oder noch eine weitere Therapie hätte veranlassen können. Vielleicht macht man sich auch Vorwürfe, falsch gehandelt zu haben, und manchmal glaubt man, wenn man eine andere Entscheidung getroffen hätte, dann wäre das Ergebnis jetzt ein anderes.

Aber: Man hätte es nicht verhindern können. Der Tod ist nicht der Feind, sondern ein Übergang in unsere geistige Heimat.

Manchmal verlässt eine Seele auch in den besten Jahren wieder diese Welt. Auch dafür gibt es Gründe, die wir aber jetzt noch nicht verstehen.

Es ist gut, die Trauer zuzulassen, egal, wie lange sie auch dauern mag, und Tränen fließen zu lassen. Sie spülen die emotionalen Giftstoffe aus dem Körper, und das ist Heilung! Nicht von ungefähr sagt man: *Tränen sind flüssig gemachte Liebe.*

Wenn wir den Tod als Teil unseres Lebens sehen, hilft uns dies, sowohl Frieden in unserem Leben zu finden, als auch entspannt zu sterben, wenn es soweit ist, und diesen Prozess ohne Angst anzunehmen. Es ist immens wichtig, dass wir uns während des Übergangs einen ruhigen und klaren Geist bewahren. Und in der allerletzten Phase des Sterbevorgangs ist der Mensch dann meist, wie schon beschrieben, von Furcht und Angst befreit.

Die *Todesangst* hängt davon ab, welche Einstellung der Mensch zeitlebens zu seiner irdischen Vergänglichkeit hatte. Erkennt er im Tod einen Sinn oder quält ihn die Angst, spurlos im Nichts zu verschwinden, nicht mehr zu existieren, sich aufzulösen? Menschen, die ein Nahtod-Erlebnis erfahren haben, haben danach in der Regel keine Angst mehr vor dem Tod, weil sie nun aus eigener Erfahrung sicher wissen, dass es danach weitergeht.

Deshalb ist es so wichtig, sich zu Lebzeiten mit seinen Ängsten vor dem Sterben und dem Tod auseinanderzusetzen. Vor allem mit der Angst, am Lebensende nicht mehr selbst über sich bestimmen zu können, mit anderen Worten: Die Verantwortung über das eigene Leben abgeben zu müssen und von fremden Entscheidungen abhängig zu sein.

Menschen, die am Ende ihres Lebens völlig hilflos von den Entscheidungen anderer abhängig sind, sind meistens genau jene, die in ihrem bisherigen Leben immer schon Probleme mit Eigenverantwortung hatten. Am Ende ihres Lebens wird ihnen dieses Lebensthema noch einmal präsentiert, mit der Chance, einen bisher versäumten Schritt nachzuholen. Die beste Vorsorge, um am Lebensende nicht in solch eine Abhängigkeit zu geraten, ist, im Leben klare Verhältnisse zu schaffen und Verantwortung zu übernehmen. Deshalb ist es empfehlenswert, eine Patientenverfügung zu machen, so lange man noch dazu in der Lage ist. Jeder ist für sein Leben selbst verantwortlich, und niemand sonst.

Der Theologe *Dr. Gabriel Looser* hat herausgefunden, dass sich schon lange mehr keine Generation mit dem Sterben so schwer getan hat wie die alten Menschen von heute. Die Ursache sieht er in den Erfahrungen der letzten beiden Kriege, der Zerstörung und der Armut danach, die diese Menschen stark geprägt haben. Ihre Welt lag in Trümmern, und es war ihre Aufgabe, den Aufbau und den Wohlstand zu schaffen, der für uns heute selbstverständlich ist. Dieser Fleiß und diese Hingabe haben jedoch ihren Preis. Viele Menschen dieser Generation haben sich mit ihrem Bewusstsein so tief in die Materie eingegraben, dass es ihnen jetzt schwerfällt, sich aus dieser Ebene wieder zu lösen. Wenn man nichts zu essen und kein Dach mehr über dem Kopf hat, kommt die Auseinandersetzung mit den tiefen und letzten Wahrheiten, die im Sterben wichtig sind, oft zu kurz und wird meist ausgeblendet. Und später bestand kein Interesse mehr daran. Oft sind es diffuse Ängste, die Menschen zu dieser konstanten Verweigerungshaltung bringen und jedes Gespräch über spirituelle Themen vermeiden lassen.

Der logische Beweis für ein Weiterleben nach dem Tod

Für Zweifler und Skeptiker handelt es sich bei allen Jenseitsvorstellungen um reines Wunschdenken. Sie behaupten, für den Gläubigen sei kein Beweis nötig, und für den Ungläubigen kein Beweis möglich. Keiner von ihnen ist jedoch in der Lage, einen einzigen stichhaltigen Beweis vorzulegen, dass es kein Weiterleben nach dem Tod gibt.

Für alle Zweifler und Skeptiker könnte der *logische Beweis* für ein Weiterleben wie folgt aussehen:

1. Der Mensch ist ein geistiges Wesen, da er geistig tätig ist. Er kann nachdenken, sich selbst reflektieren und ist sich seiner selbst bewusst.
2. Zum Wesen des Geistigen gehört, dass es nicht materiell und daher nicht zerstörbar ist.
3. Als geistiges Wesen ist der Mensch in seinem Weiterbestehen über den Tod hinaus nicht an die Zerfallserscheinungen der vergänglichen Materie gebunden. Demnach ist er aufgrund seiner Geistigkeit als nicht-sterblich, also als unsterblich zu bezeichnen.
4. Etwas, das in seiner Tätigkeit unabhängig ist von der Materie, ist auch in seiner Existenz nicht abhängig von der Materie.

Der Anfang unseres körperlichen Seins ist somit auch nicht zugleich der Anfang unseres geistigen Daseins. Was nicht auf natürliche Weise anfängt zu existieren, kann auch nicht auf natürlichem Weg aufhören. Unberührt von allem vergänglichen

Geschehen bleibt in uns etwas Beständiges bestehen, nämlich unsere Seele, unser Ich-bin-Bewusstsein. Bei allen Veränderungen unseres Körpers und seiner Vitalität bleibt unser geistiges Wesen stets dasselbe. Selbst der Tod vermag an unserer Wesenheit nichts zu ändern.[27]

---

27 Buchtipp: Beat Imhof: *„Wie auf Erden so im Himmel",(2012), S166f*

Der wissenschaftliche Beweis der Seele

Was ist eine Seele? Aus den bisherigen Ausführungen können wir Folgendes festhalten: Seele ist Energie, Energie ist Information, und die Summe aller Informationen ist Bewusstsein.

Was sagen die neue Physik und ihre Vertreter dazu?

Der Physiker ***Michael König***:

„Den dreidimensionalen Raum haben wir uns erschlossen, aber die Räume darüber sind nur durch Phasenübergänge durch höheres Bewusstsein zugänglich."[28]

Der Physiker *Ernst Senkowski* ergänzt hierzu, dass die vierte Dimension der Zeit zugeordnet ist. Die fünfte bis achte Dimension liegt im Bereich der Information. Die neunte bis zwölfte Dimension ist für uns bisher überhaupt nicht zu fassen. Es sind mathematische Strukturen hoher Symmetrien, und man bezeichnet sie scherzhaft als GAB (Gott allein bekannt). Wir haben dazu keinen Zugang, wobei zum ersten Mal von wissenschaftlicher Seite die Möglichkeit ins Spiel kommt, dass es *„leibfreie Existenzen"* geben kann.

Michael König führt weiter aus:

„Wenn es die Möglichkeit für ein Elektron gibt, in einen anderen dimensionalen Raum überzugehen, dann kann man zum Beispiel postmortale Zustände beschreiben, also ein Leben nach dem Tod. Die Elektronen, die einen bestimmten Organismus organisiert haben und seine biophysikalischen Vorgänge während des ganzen Lebens steuern, machen das aus, was wir als menschliche Seele bezeichnen. Wir sehen, dass die moderne Physik heutzutage möglicherweise das Fundament für die spi-

28 Michael König: *„Urwort, die Physik Gottes"*

rituellen Erfahrungen liefert, über die Menschen seit Jahrhunderten berichtet haben."

Folgendes können wir festhalten:

1. Wir bestehen zu über 99% aus leerem Raum. Dieser *scheint* aber nur leer zu sein. Er ist angefüllt mit Informationen, die nicht messbar sind.
2. Es gibt Hinweise auf mehrere Dimensionen.
3. Wenn Elektronen, inklusive der dort möglichen Informationen, in eine andere Dimension wechseln können, lassen sich dadurch postmortale Zustände, also eine Existenz nach unserem „Tod", beschreiben.
4. Wenn diese Informationen aus höheren Dimensionen wieder in unsere Dimension wechseln, können die Informationen aus vergangenen Leben manchmal mitgebracht werden. Menschen haben dann plötzlich blitzartige Erinnerungen von Begebenheiten oder Ereignissen, die sie nicht erklären können. Dieses Phänomen bezeichnet man als Déjà-vu Erlebnis.
5. Der biologische Tod ist nicht das Ende des Bewusstseins, sondern stellt einen Übergang, eine „Frequenzverschiebung" des Bewusstseins in einen feinstofflicheren Bereich dar.
6. Das Bewusstsein kann bis zum heutigen Tag durch die Physik nicht erklärt werden.

Die Naturwissenschaft konnte bislang keine Seele finden, sie jedoch erklären. Allerdings etwas von vorneherein auszuschließen, nur weil es nicht auffindbar ist, oder weil es nicht in das Bild der Wissenschaft passt, ist nicht wissenschaftlich. Die Wissenschaft sollte das sein, was *Wissen schafft*.

„Jeder, der sich ernsthaft mit der Wissenschaft beschäftigt, gelangt zu der Überzeugung, dass sich in den Gesetzen des Universums ein Geist manifestiert. Ein Geist, der dem des Menschen weit überlegen ist und angesichts dessen wir uns mit unseren beschränkten Kräften demütig fühlen müssen."

(Albert Einstein)

Max Planck ergänzt, dass alle Materie nur aus einer Kraft entspringt, hinter der ein bewusster intelligenter Geist steckt. Dieser Geist ist die Matrix aller Materie. Geist kann mit Bewusstsein gleichsetzt werden.

Wie wir gehört haben, ist unser Körper von dieser geheimnisvollen Kraft, die wir auch Lebensenergie oder Bewusstsein nennen können, abhängig. Wenn sich diese Lebenskraft aus dem Körper zurückzieht, ist dieser tot und geht in einen unumkehrbaren Zerfallsprozess über. Die körperliche Struktur fällt zusammen, und das Einzelleben der im Körper vorhandenen Bakterien nimmt überhand. Diese Mikroorganismen waren auch schon im Körper vorhanden, als er noch lebendig war, aber die Lebenskraft hatte sie so kontrolliert und koordiniert, dass sie dem Leben des Gesamtkörpers dienten. Die Lebenskraft ist somit nicht einfach ein Mechanismus des Körpers, sondern eine nicht-physische Lebenskraft, die den Körper formt, indem sie bewirkt, dass sich alle Einzelteile wie Zellen, Proteine, Enzyme und Bakterien zu einem Ganzen zusammenfügen, das *„Leben"* tragen kann.

Die Unsterblichkeit der Seele

„Mein Kind, wenn du diese Welt betrittst, da lachten alle um dich herum, und du weintest. Lebe so, dass, wenn du dereinst stirbst, alle um dich herum weinen, und du lachst."

(Quelle unbekannt)

Wenn ein Mensch lebensmüde geworden ist, dann erlöschen die irdischen Bedürfnisse allmählich, was auf natürliche Weise im hohen Alter geschieht. Dies hat den großen Vorteil, dass der Verstorbene im Jenseits von diesseitigen Triebbedürfnissen befreit ist. So kann im Alter der Tod als Befreier und Erlöser von erdgebundenen Abhängigkeiten begrüßt werden. Die Seele wird frei für höheres Streben.

Auf der Erde in einen Körper hineingeboren zu werden, zu inkarnieren (ins Fleisch zu gehen), bedeutet für die Seele, in einen Körper eingesperrt zu sein. Tod bedeutet, den Körper sterben zu lassen und der Seele wieder ihre himmlische Freiheit zu schenken. Sterben auf der Erde bedeutet Leben im Himmel. Endlich wieder daheim zu sein und alle Gefängnisse, Zwänge und den Körper mit all seinen Beschwerden und Begrenzungen hinter sich zu lassen. Trauer auf der Erde ist gleichbedeutend mit Freude und Freiheit in der jenseitigen Welt.

Nach ***Buddha*** besteht der Sinn des Todes im Überwinden der drei Leidenschaften, nämlich:

- *die Gier nach Lust ,*
- *das Anhäufen von Vergänglichem,*
- *der Durst nach Leben.*

Im Tod erfahren wir nicht das Ende, sondern die Wende zu einem neuen Dasein. Wie der Mensch lebt, so stirbt er. Der Baum bleibt so liegen, wie er fällt.

Wie wir aus den bisherigen Ausführungen erfahren haben, fallen wir durch den Tod nicht in ein Nichts, sonst wären wir auch aus dem Nichts entstanden. Das eine wie das andere widerspricht jeglicher Logik.

Wir alle sind Bewusstsein, haben einen göttlichen Ursprung und eine unsterbliche Seele. Unsere Entwicklung dauert bereits Äonen und findet ihren endgültigen Abschluss in einem „Seins-Zustand", den die Religionen „ewiges Leben" oder „Nirwana" nennen.

Etwa zwei Drittel aller Deutschen gehören einer Glaubensgemeinschaft an, aber nur etwa ein Drittel glaubt an ein Weiterleben der Seele. Und die wenigsten haben eine konkrete Vorstellung vom jenseitigen Leben oder vom Sinn und Zweck ihres Lebens hier auf Erden. Frag doch mal in deinem Bekanntenkreis, wer seinen Lebensplan kennt, oder welchen Lebensaufgaben er sich in diesem Leben stellen muss.

In der Bibel heißt es:

„Im Anfang war das Wort (der Logos)",

und nicht die Materie. Dies ist Ausgangspunkt eines bereits Jahrtausende dauernden Streits zweier Gruppierungen: den Materialisten und den Dualisten.

Die Dualisten sagen, dass der Geist erst die Materie erschaffen hat und diese kontrolliert. Leib und Seele existieren getrennt voneinander und bilden zusammen eine befristete Einheit. Stirbt der Körper, existiert die Seele weiter.

Die Materialisten hingegen behaupten, dass unser Bewusstsein von unserem Gehirn erzeugt wird und auch mit diesem erlischt. Etwas, das man nicht sehen, fühlen oder messen könne, sei Beweis genug, dass es nicht existiert.

Aus der Tatsache, dass wir etwas nicht sehen, wahrnehmen oder messen können zu schlussfolgern, dass es nicht existieren würde, ist ziemlich arrogant. Deutlich wird das bei folgender Betrachtungsweise:

Wir sind von unserem Sehvermögen her nur in der Lage, einen ganz kleinen Teil unseres Universums, des Makrokosmos und des Mikrokosmos wahrzunehmen. Dennoch existiert er. Das meiste können wir mit unseren Augen, ohne Hilfsmittel, wie zum Beispiel Teleskop oder Mikroskop, so gut wie nicht sehen. Der Mikrokosmos, also die Welt der Bakterien und Viren, der Atome und Elementarteilchen, bleibt uns genauso verborgen wie der gesamte Rest des Universums und der geistigen Welten. Gemessen an all dem sind wir faktisch blind. Und trotz all unserer Wahrnehmungsorgane und selbst mithilfe von technischen Hilfsmitteln können wir nur einen Bruchteil des Universums erfassen.

Interessant sind auch die Kreuzkorrespondenzen der bereits erwähnten *„Society For Psychical Research“* (SPR), die Nachtodkontakte als Argument für ein Weiterleben der Seele nach ihrem Tod aufführt. Einige Mitglieder einigten sich darauf, nach ihrem Tod zu versuchen, Botschaften an lebende Freunde zu schicken.

Frederic Myers war Professor für klassische Philologie und gehörte zu den führenden Mitgliedern der SPR. Nach seinem Tod erhielt ein Dutzend Medien in England, Indien und den USA mit dem Namen *Myers* unterzeichnete Botschaften, in denen sie aufgefordert wurden, die Texte der SPR zuzuschicken. Dort fügte man die Botschaften wie Teile eines Puzzles zusammen.

Myers schildert in den Jahren der Durchgaben Einzelheiten über das Jenseits. Der größte Teil dieser Berichte wurde durch automatisches Schreiben empfangen, wobei davon ausgegangen wird, dass die Hand eines Jenseitigen den Schreibenden führt und auf diese Weise Botschaften übermittelt. Parapsychologen und selbst Skeptiker mussten zugeben, dass sich in der Kreuzkorrespondenz eine individuelle Persönlichkeit zusammenhängend geäußert hatte.

Christliche Jenseitstheologie

Fragen wir Theologen, ob und wie es mit dem Menschen nach dem Tod weitergeht, sind diese meiner Erfahrung nach meist ratlos und vermögen dazu wenig zu sagen. Die Lehre der Wiedergeburt wird von allen christlichen Kirchen, bis auf wenige Freikirchen, abgelehnt, obwohl sie bis 451 n.Chr. ein Fundament christlicher Lehre war. Frühe Kirchengelehrte wie der als „Kirchenvater" bekannt gewordene Origenes lehrten selbstverständlich die Wiederverkörperung der Seele, schließlich stand sie ja auch in der Bibel. Beispielsweise wird Jesus als der wiedergekommene Jeremia bezeichnet, und Jesus spricht von Johannes dem Täufer als dem wiedergekommenen Elias (*Matthäus 17:12 und 16:14*). Erst im Konzil von Konstantinopel unter Kaiser Justinian im Jahr 553 n.Chr. wurde die Lehre der Reinkarnation bis auf wenige Ausnahmen aus der Bibel entfernt. Somit war die befreiende Lehre der Reinkarnation über 1400 Jahre in unserem Kulturkreis weitestgehend unbekannt.

Man hält an der sogenannten Ganz-Tod-Lehre fest, die an die Auferstehung der Toten und die Wiedervereinigung der Seele mit dem wiederhergestellten Körper glaubt. Diese Lehre ist jüdischen Ursprungs.

Im Buch *Daniel* heißt es:

„Viele von denen, die im Staub der Erde schlafen, werden aufwachen, die einen zum ewigen Leben, die anderen zur Schmach, zu ewiger Schande" (12.2).

Ähnliches ist auch beim Propheten *Jesaja* (26,19) zu lesen. Aus solchen Texten zieht man den Schluss, dass der Mensch eine unauflösliche Ganzheit sei, und wenn er stirbt, dann wäre er eben ganz tot. Es gäbe nichts, was diesen Tod überleben könne, bis zur Wiederkunft Christi oder dem Jüngsten Gericht. Dann wird Gott alle Toten auferwecken.

Es gibt jedoch eine gewichtige Aussage, die *Jesus* am Kreuz dem reumütigen Schächer gegenüber tätigte, die ganz entschieden gegen eine Ganz-Tod-Lehre spricht. In *Lukas 23,43* heißt es:

„Noch heute wirst du mit mir im Paradies sein".

All jene, die ohne Taufe oder im Zustand der schweren Sünde sterben, sind laut christlicher Lehre auf ewig verdammt, wobei die Lehre von der Hölle im Verlauf der Jahrhunderte von mehreren Päpsten immer wieder bestätigt wurde.

Wie sich das Leben der Seligen und Heiligen im Himmel gestaltet, darüber vernehmen wir von den Theologen äußerst wenig. Und über die Hölle steht im katholischen Katechismus unter anderem folgende ernüchternde Botschaft:

„Die Seelen derer, die im Stand der Todsünde sterben, kommen sogleich nach dem Tod in die Unterwelt, wo sie die Qualen der Hölle erleiden."

Teufelsaustreibungen nach dem *Rituale Romanum* von 1614 werden immer noch durchgeführt. Dass es hierbei immer wieder zu Todesfällen kommt, wie zum Beispiel bei der damals 23 Jahren alten *Anneliese Michel*, die 1978 bei dem Versuch einer Teufelsaustreibung gestorben war, wird hingenommen und von weltlichen Gerichten nur mit Bewährungsstrafen geahndet. Fachgerechte Psychotherapie und entsprechende Medikation hätte ihr sicherlich besser geholfen.

Weder die Heilige Schrift noch die Theologie bieten genügend Information, um Licht ins Dunkel zu bringen, was das Leben nach dem Tod angeht. Selbst die kompetentesten unter den Theologen neigen bezüglich Einzelheiten zum Thema Himmel und Hölle zur Schweigsamkeit. Es scheint hier wahrhaftig ungeheure Erklärungsnöte zu geben.

Der bekannte Kirchenkritiker ***Eugen Drewermann*** stellt nüchtern fest:

„Über das, was nach dem Tode kommt, können wir aufgrund unserer Sinneswahrnehmung nichts aussagen."

Die kirchlichen Traditionen versagen in der praktischen Seelsorge, wenn es darum geht, den Menschen angesichts des Todes eine aufklärende und tröstliche Botschaft zu vermitteln. Mehr als hoffnungsvolle Erwartungen und salbungsvolle Worte sind von den Theologen nicht zu erwarten, obwohl sie es doch eigentlich besser wissen müssten.

Ein junger Theologe kam nach mehrjähriger Ausbildung zu dem ernüchternden Ergebnis:

„Nach meinem Studium von neun Semestern evangelischer und sieben Semestern katholischer Theologie stand ich ohne lebendige Jenseitshoffnung da."

Es ist daher nicht verwunderlich, dass heute viele Christen bestrebt sind, das bestehende Defizit bezüglich dieser Frage durch alternative Jenseitsmodelle auszufüllen.

Wenn die heutige Theologie über das nachtodliche Schicksal des Menschen derart im Ungewissen ist, weil sie immer noch einem veralteten Menschenbild anhängt, wäre es wohl angebracht, die Ergebnisse der neuzeitlichen Jenseitsforschung zur Kenntnis zu nehmen, die auf der wissenschaftlichen Jenseitskunde und der experimentellen Parapsychologie unserer Zeit gründen.

Das tibetische Totenbuch

Das Totenbuch der Tibeter, auch *Bardo Thödöl* genannt, wurde bereits Tausende von Jahren vor der Bibel geschrieben.

Das Wort *Bardo* bezeichnet einen Übergang. Es beschreibt den Bewusstseinszustand zwischen den Leben sowie den Weg der Seele durch die Geistige Welt vom Todesmoment an bis zur nächsten Geburt. Alle Ereignisse, welche die Seele auf dieser Reise erfährt, sind Vorgänge innerhalb ihres Bewusstseins selbst und ihre eigenen Projektionen.

Der Seele soll durch das Vorlesen eines bestimmten Textes klargemacht werden, dass alles, was sie sieht, Inhalte und Projektionen ihres eigenen Geistes sind. Durch das Vorlesen soll im Verstorbenen das vollständige Bewusstsein wieder hergestellt werden, um ihn an die ungewohnte Umgebung der anderen Welt zu gewöhnen, denn oft hat der Verstorbene selbst noch gar nicht realisiert, dass er den Übergang bereits vollzogen hat. Man fühlt sich nämlich in diesem Zustand außerhalb des Körpers so lebendig und frei, dass man gar nicht versteht und realisiert, dass man eigentlich „gestorben" ist.

Im Kern enthält das Totenbuch den Text: *„Du bist jetzt tot."* Dies hilft dem Verstorbenen, seine jetzige Situation als unmissverständlich zu erkennen und zu verstehen und nicht als Trugbild, Vision oder Erscheinung zu interpretieren. Der Text wird dem Verstorbenen über 49 Tage vorgelesen, beginnend gleich in dem Moment, in dem der Tod eingetreten ist und der Sterbende den letzten Atemzug getan hat.

Ziel des Vorlesens ist es, dem Verstorbenen die Angst zu nehmen, ihn aus der Illusion seines Geistes zu befreien und zur

Erleuchtung zu verhelfen. Den Tod und die Wiedergeburt erleiden wir nach dem Glauben der Tibeter unendlich viele Male, die Erleuchtung aber nur einmal. Dieser Schritt soll dem endlosen Kreislauf von Sterben und Wiedergeburt ein Ende setzen. Erleuchtung hat aber nichts mit dem christlichen Begriff *„Erlösung“* zu tun. In der christlichen Tradition steht der Kreuzestod Jesu für die Erlösung des Menschen aus Sünde und Tod.

Auch wenn uns die Lehren des tibetischen Totenbuchs in unserem Kulturkreis eher fremd erscheinen mögen, ist es immer hilfreich, für die Verstorbenen zu beten, denn unsere Gebete tragen dazu bei, den Übergang in die Geistige Welt zu erleichtern. Uns hilft das Beten, den Tod eines geliebten Menschen zu akzeptieren, und indem wir konkret etwas Hilfreiches für ihn tun, fühlen wir uns nach wie vor mit ihm verbunden.

Das große Erwachen

„Jeder, der am Ende des Lebens, wenn er den Körper verlässt, sein Bewusstsein auf mich allein richtet, gelangt dorthin, wo ich bin. Dies ist nur natürlich: Denn das, woran man beim Weggang aus dem Körper denkt, bestimmt, wohin man geht, weil es das ist, worauf das Bewusstsein im Leben am stärksten gerichtet war."

Bhagavad Gita 8, 5-6

Wie bereits erwähnt, befinden wir uns nach dem irdischen Tod in einer sogenannten „Ankunftsebene", die der ersten Orientierung, dem Willkommen und der erneuten Erinnerung an unsere wahre Heimat dient. Manche sind anfangs erstaunt und verwirrt, dass es wirklich weitergeht und sie nicht *„tot"* sind. Das betrifft vor allem jene, die ohne jede Vorbereitung plötzlich hinüber in die Geistige Welt gegangen sind, zum Beispiel durch einen Unfall oder Mord. Vor allem aber sind jene verwirrt, die freiwillig aus dem Leben geschieden sind oder nicht an ein Weiterleben glauben.

Da sich das Leben im Diesseits und in der Ankunftsebene in mancherlei Hinsicht ähnelt, ist es nicht verwunderlich, dass anfangs viele Verstorbene meinen, immer noch auf der Erde zu sein. Die Astralwelt gleicht in mancher Hinsicht irdischen Orten. Auch die Verhältnisse sind dort ähnlich wie auf der Erde.

Die Wahrnehmung der jenseitigen Welt hängt vom Entwicklungs- und Bewusstseinszustand ihrer Bewohner ab. Da die Seele ihre Innenwelt in der Außenwelt erlebt, ist die Außenwelt in den jenseitigen Bereichen für jede Seele anders wahrnehmbar. Die äußere Umgebung passt sich also der Innenwelt der

Seele an, und somit ändert sich für die Seele jeweils auch die äußere Umgebung, gemäß dem geistigen Gesetz: *„Wie innen, so außen"*. Alles, was bisher innerlich verborgen war, wird nun im Außen sichtbar – Gedanken, Überzeugungen, Gefühle – alles, was uns als Seele ausmacht. In diesem selbstgeschaffenen Bereich bleibt die Seele so lange, bis sie geistig reif genug ist, in höhere Sphären zu gelangen.

Als Erstes findet eine Selbstbeurteilung des vergangenen Lebens statt, indem sich die Seele ihr Handeln beim Rückblick auf ihren Lebensfilm selbst bewertet. Sie beurteilt sich, wie sehr sie sich von der Liebe hat leiten lassen, oder ob sie beispielsweise jemanden verletzt, links liegen gelassen, ihm zugesehen, wie er sich abgemüht und ihm nicht geholfen hat. Sie sieht auch ihre Vorurteile, ihr Desinteresse und ihre Rücksichtslosigkeiten. Auch das Verborgene, Verbotene und Heimliche erscheint in den Bildern des Lebensfilms. Hierzu bedarf es also keines göttlichen Richterspruchs oder Gerichts, wie es uns die christlichen Traditionen glaubhaft machen wollen. Eine Beurteilung erfolgt nicht nach irdischen Maßstäben, sondern nach dem kosmischen Harmoniegesetz der Liebe, das selbstlos und ohne Zwang ist. Die Seele selbst ist ihr strengster Richter. Sie wird nach dem irdischen Tod nicht gefragt, welcher Religion sie angehört oder was sie geleistet hat, sondern mit welchem Bewusstsein sie das tat, was sie getan hat.

Diese Selbstbeurteilung dient dazu, falsche Glaubensüberzeugungen zu berichtigen, beengende Dogmen abzulegen und eine Neuorientierung herbeizuführen. Auf diese Weise wird ihr auch bewusst gemacht, ob und wie sie ihre selbst erstellten Lebens- und Lernaufgaben erfüllt hat.

Das, was im Leben von entscheidender Wichtigkeit war hat ***Neale Donald Walsch*** in seinem Buch*: „Gespräche mit Gott"* meiner Meinung nach am treffendsten in folgendem Satz zusammengefasst:

„Im Leben geht es nicht nur um dich, sondern um all jene, deren Leben du berührst, und um die Art und Weise, wie du diese Leben berührt hast." [29]

Es kommt also nicht nur auf die großen Taten an, sondern es zählen auch die kleinen Gesten. Ein von Herzen kommendes Lächeln kann mehr wert gewesen sein als eine pflichtgemäße große Geldspende, die man nur gemacht hat, um nach außen zu zeigen, wie reich man ist, oder um sein schlechtes Gewissen zu beruhigen. Es kommt immer auf die Motivation hinter den Handlungen und Gedanken an.

Es kann also nicht schaden, bereits im Diesseits „Pluspunkte" durch liebevolles Handeln zu sammeln. Durch unsere Gedanken und Handlungen schaffen wir uns somit jetzt schon unseren zukünftigen Platz in der jenseitigen Welt. Dann dürfen wir uns am Ende unseres Lebens beim Betrachten unserer Lebensrückschau erfreuen, wie wir uns zum Beispiel bei jemandem entschuldigt haben, auf eigene Vorteile zu Gunsten anderer verzichtet haben, Alte und Kranke aufopferungsvoll gepflegt oder jemanden großzügig beschenkt haben. Diese Taten sollten aber nicht aus Berechnung heraus erfolgen, sondern aus einem reinen und aufrichtigen Herzen.

Bei der Vorführung des Lebensfilms durchlebt die Seele aber nicht nur die Folgen ihrer Taten, sondern es werden ihr auch die sogenannten „Unterlassungssünden" vor Augen geführt.

---

29 Neal Donald Walsch: *„Gespräche mit Gott"*

Die Seele bekommt auch die Gefühle der beteiligten Menschen zu spüren und welche Folgen und Konsequenzen ihre Taten für andere Menschen hatten. Dies ermöglicht eine unverfälschte Selbsterkenntnis und eine gerechte Selbstbeurteilung. Verständlicherweise ist dies ein schmerzhafter Prozess, denn erst jetzt erkennt die Seele in vollem Umfang die Wirkungen ihres Tuns. Sie begegnet jenen, mit denen sie sich im Streit entzweit, die sie belogen, betrogen und bestohlen hat. Es geht dabei immer um Einsicht, Reue und den Willen zur Wiedergutmachung, Aussöhnung und Verzeihen.

Die Seele erfährt in dieser Lebensrückschau, was es in zukünftigen Leben noch zu lernen und zu erfahren gibt. Damit der freie Wille nicht beeinträchtigt wird, verschwindet die bewusste Erinnerung an diese Schulung nach einer erneuten Inkarnation. Das natürliche Vergessen gehört zum Schöpfungsplan. Ohne dieses „Sicherheitsnetz", dieses Wissen, wächst natürlich die Gefahr, dass man sich in der Welt verliert und seinen Lebensplan nicht lebt, beziehungsweise seinen selbst gestellten Lebensaufgaben nicht nachkommt.

Vor einer erneuten Inkarnation bespricht sich die Seele mit Beratern im Jenseits darüber, wann und wo sie, ihrem Plan entsprechend, sinnvollerweise wiedergeboren wird und was ihre Lebens- und Lernaufgaben sein werden. Sie kann sich den künftigen Körper, die Mutter und den Vater frei wählen, berichtet *Dipl. Ing. Dieter Hassler.* [30]

Der Gedanke, dass man sich seine Familie und die meisten Hindernisse und Schwierigkeiten selbst gewählt hat, ist für viele von uns nicht leicht zu akzeptieren, bedeutet es doch, die vollständige Verantwortung für sich, sein Leben und seine Hand-

30 Dipl Ing. Dieter Hassler: *„Interview von Johann Nepomuk Maier in „Illusion Tod" (2017), S 171*

lungen zu übernehmen. Wir neigen ja gerne dazu, die Schuld bei anderen zu suchen nach dem Motto: *„Wenn meine Mutter mich besser behandelt hätte, wäre ich ein ganz anderer Mensch geworden...!"*

Den Worten von Kindern ist zu entnehmen, dass die Geburt weitaus schwieriger ist als das Sterben. Auf einer Kinderzeichnung wird die Geburt in schwarzer Farbe dargestellt und das Sterben in Goldgelb. Aus vielen Berichten von Menschen, die in Tiefenhypnose oder Trance über ihre Geburt erzählt haben, erfahren wir, dass sie Widerstand hatten, geboren zu werden, und ihnen jenseitige Freunde bei dieser Entscheidung geholfen und sie ermuntert haben, den Schritt in ein neues Leben zu tun.

Einst kam ich an die Himmelstür, klopfte an, und eine Stimme fragte: „Wer ist da?"

Ich sagte voller Erwartung: „Hier bin ich". Und die Stimme sagte: „Hier ist kein Platz für ein Ich."

Enttäuscht ging ich wieder weg, machte mich auf die Wanderschaft, und nach langer Zeit glaubte ich, verstanden zu haben. Ich kam wieder an die Himmelstür, klopfte und wieder fragte die Stimme: „Wer ist da?"

Und ich antwortete: „Hier bist du."

Die Stimme sagte: „Hier ist kein Platz für ein Du."

Enttäuscht machte ich mich wieder auf die Wanderschaft, und nach unendlich langer Zeit kam ich wieder an die Himmelstür, klopfte, und wieder fragte die Stimme: „Wer ist da?"

Und ich antwortete: „Hier ist das eine Sein, das alles ist."
Und endlich ging die Tür auf, und ich war wieder zu Hause.

(Quelle unbekannt)

Das jenseitige Leben

Bei Betrachtung des Jenseits gilt in der Sterbeforschung inzwischen Folgendes als relativ gesichert:

Der Augenblick des Todes:

Wie wir gehört haben, lockert sich im Sterbeprozess die Seele allmählich vom Körper, sodass der Sterbende einen erweiterten Bewusstseinszustand erlebt. Oft kann er auch verstorbene Verwandte wahrnehmen, mit ihnen sprechen, und manchmal streckt er freudig die Hände nach ihnen aus. Es wird dann oft vermutet, dass der Sterbende halluziniert.

Im Augenblick des Todes verlässt die Seele ihren irdischen Körper in der Regel durch ein Chakra und tritt mit ihrem feinstofflichen Körper in die Geistige Welt ein. Die Seele verlässt den Körper in der Regel durch das Chakra, das zu Lebzeiten besonders aktiv war, häufig ist dies das Herzchakra, aber es kann auch das Halschakra, der Solarplexus oder das Scheitel-/Kronenchakra sein.

Der Übergang als solcher ist nicht so erschreckend, wenn die Seele auf die Geschehnisse vorbereitet ist, die auf sie zukommen. Am leichtesten wird der Übergang, wenn man akzeptieren kann, dass es ein Leben nach dem Tod tatsächlich gibt.

Bei der Trennung von Leib und feinstofflichem Körper zerreißt die Silberschnur, die Verbindung zwischen Leib und Seele. Die Gesinnung der Seele spielt eine wichtige Rolle, da sie nach ihrem irdischen Tod zu dem Ort und zu dem Bewusstseinszustand hingezogen wird, der ihrer bisherigen Gedankenwelt entspricht. Keine Seele ist mit dem Übergang automatisch erleuchtet, sondern die Glaubenssätze und Einstellungen, die sie geprägt haben, bleiben in der jenseitigen Welt bestehen. Wie der Baum fällt, so bleibt er liegen. Das Leben in der jenseitigen Welt wird somit zur unmittelbaren Fortsetzung der gelebten Diesseitswelt.

Auch der feinstoffliche Körper stellt eine Kopie des irdischen Körpers dar, sieht jedoch aus wie in der besten Zeit seines Lebens.

Als meine Schwiegermutter mit 89 Jahren starb, zeigte sie sich uns durch ein Medium als junge dynamische Frau in den besten Jahren. Sie war wieder bei bester Gesundheit, hatte einen klaren Kopf und war frei von Krankheit und Demenz.

Die Eingewöhnungs- oder Orientierungsphase:

Die erste Begegnung, welche die Seele neben der Familie und Freunden hat, ist zunächst die Begegnung mit dem persönlichen „Geistführer", der auch als Schutzengel bezeichnet werden kann. Unser Geistführer ist immer ganz nah bei uns und hilft uns vor allem beim Übergangsprozess. Er war schon immer und durch alle Zeit und Ewigkeit unser Begleiter und unterstützt uns bei unseren Aufgaben vor, während und nach unzähligen Leben. Er nimmt uns auf der Ankunftsebene in Empfang und begleitet uns auch weiterhin in der jenseitigen Welt.

Zeit und Raum haben dort keine Bedeutung mehr, und die Seele bewegt sich schwebend und in Gedankenschnelle. Alle Abläufe beschleunigen sich, und es erfolgt eine Erweiterung ihrer Wahrnehmungsfähigkeit. Durch die Erweiterung ihres Bewusstseins erhält die Seele somit Einblicke in den Gesamtverlauf ihrer Evolution. Die Kommunikation erfolgt durch Gedankenübertragung, und die Seele erkundet die Schönheit der jenseitigen Welt.

Die jenseitige Welt ist eine Gedanken- und Gesinnungswelt. Die Abwesenheit eines physischen Körpers und eines Gehirns beeinflusst unsere Gedankenkraft jedoch in keinster Weise. Gedachte Formen verdichten sich sofort zu Gegenständen und können augenblicklich eine konkrete Situation erschaffen. Die durch Gedankenkraft geschaffenen Gebilde bleiben so lange erhalten, wie die Seele ihnen die erforderliche mentale Energie zufließen lässt. Da sich Gedanken unmittelbar manifestieren, kann die Seele ihre Umgebung nach Belieben erschaffen. Alle Erscheinungen entsprechen dem jeweiligen subjektiven Bewusstseinszustand der Seele. Dinge bestehen nicht aus Materie, sondern sind Ausdruck von Gedankenformen, die auch jederzeit wieder aufgelöst werden können. Die Seele gestaltet sich ihre Umgebung nach dem, was sie glaubt zu brauchen und worauf sie Lust hat. Und die neue Umwelt reagiert sofort auf ihre Gedanken und Gefühle.

Die Worte ***Jesu**: „Dir geschehe nach deinem Glauben"* zeigen in der jenseitigen Welt eine unmittelbare Wirkung.

Das jeweilige Bewusstsein prägt das jenseitige Dasein, das heißt, dass jeder Mensch die jenseitige Welt auf seine individuelle Weise erlebt. Die jenseitigen Welten und ihre Bewohner können sich in unzähligen Formen offenbaren. Wer an Jesus glaubt, dem wird Jesus begegnen, und wer an Engel glaubt, dem werden Engel begegnen.

Alles Äußere in der jenseitigen Welt ist ein Spiegelbild des eigenen Inneren. Nach dem Ähnlichkeitsgesetz finden sich Seelen zusammen, die etwa demselben energetischen Zustand entsprechen und ähnliche Überzeugungen oder Glaubenssysteme haben.

Ziel in dieser Eingewöhnungs- und Orientierungsphase ist es, dass die Seele sich allmählich von irdischen Mustern löst und zu einer verfeinerten Existenzform hingeführt wird. Sie gelangt in höhere Schwingungsebenen und immer in die Seelenlandschaft, für die sie reif ist und der ihrem Schwingungsmuster entspricht. Bei jedem weiteren Aufstieg in eine höhere Bewusstseinsstufe verfeinert sich der energetische Körper. Er wird durchsichtiger, feinerter, durchlässiger und strahlender, bis er den Zustand des reinen Lichtkörpers erreicht hat.

Die Erholungs- oder Regenerierungsphase

In Rückführungen und Trancezuständen wird dieser Ort meistens als ein Krankenhaus oder eine Halle mit einer großen Kuppel beschrieben. Die Seele erfährt dort eine machtvolle Energiezufuhr durch Licht, Wärme und Liebe. Dort befinden sich hauptsächlich jene Seelen, die im irdischen Leben zum Beispiel schwere oder langwierige Krankheiten durchleiden mussten, in einem schlecht funktionierenden Körper gefangen, schwer traumatisiert waren, getötet wurden oder beispielsweise durch einen Unfall ums Leben gekommen sind. Nicht jede Seele benötigt jedoch eine Phase der Regeneration.

Die Lebensrückschau

Über die Lebensrückschau habe ich schon in einem vorherigen Kapitel berichtet. Es ist wichtig zu wissen, dass die Seele bei dieser Rückschau alle Gedanken, Gefühle und Emotionen der Menschen verspürt, mit denen sie verbunden war. Sie kann den Schmerz, die Trauer, aber auch die Freude der anderen spüren, die sie zuvor nicht wahrgenommen hat. Im religiösen Sinne spricht man von einem Gericht, aber niemand wird von außen bestraft oder gerichtet. Man ist sein eigener Richter und Angeklagter zugleich. Es gibt keine ewige Verdammnis oder Strafe, sondern nur Konsequenzen von Gedanken und Taten. Die Gedanken, Taten und Worte aller Lebewesen sind im kosmischen Gedächtnis, der *Akasha Chronik,* aufgezeichnet. Die Akasha Chronik wird auch als das *„Buch des Lebens"* bezeichnet, das in immaterieller Form ein allumfassendes Weltgedächtnis enthält. In der Lebensrückschau ist die Seele mit diesem universalen Wissen verbunden. Jede Handlung und jede Tat liegt so offen vor ihr. Die grundsätzliche Frage, die sich die Seele in ihrer Lebensrückschau stellt, ist, ob sie Liebe gegeben oder zurückgehalten hatte.

Nach dieser Lebensrückschau beginnt die Seele, sich in der Geistigen Welt weiterzuentwickeln. Ihr Bewusstsein verfeinert und intensiviert sich im Laufe der Erfahrungen immer mehr, wodurch sie imstande ist, immer neue Bereiche der Geistigen Welt zu erkennen. Sie wird leichter und feinstofflicher und erschafft sich, je nach Entwicklungsstand, einen neuen Körper, der viel strahlender und besser für seine neue Existenzform geeignet ist. Der ätherische Körper gleicht sich somit immer mehr dem inneren Seelenzustand an. Er zeigt keine Alters- oder Abnutzungserscheinungen mehr.

So hat sich, wie schon erwähnt, meine Schwiegermutter nach ihrem Übergang nicht als die alte, kranke Frau gezeigt, die sie am Ende ihres irdischen Lebens war, sondern als dynamische, agile und junge Frau.

Auch mein Bruder zeigte sich nach schwerer Krankheit und einem jahrelang andauernden körperlichen Leidensweg wieder in einem gesunden, vitalen und jugendlichen Körper.

Alle weiteren Ebenen und Bereiche der jenseitigen Welt sind für den menschlichen Verstand nicht mehr fassbar. Der Entwicklung der Seele sind jedoch keine Grenzen gesetzt.

Alle diese Vorgänge sind durch Beobachtungen im Sterbeprozess, durch Hypnoseregressionstherapien, Medien und Nahtod-Erfahrungen reichlich beschrieben worden.

Freitod aus jenseitiger Sicht

Es gibt die unterschiedlichsten Gründe, warum Menschen freiwillig aus dem Leben scheiden.

Der Hypnotherapeut *Michael Newton* war einer der bekanntesten Forscher, der mittels Hypnose das Jenseits zu ergründen suchte. Er hat bei vielen Rückführungsklienten festgestellt, dass in der Geistigen Welt keine Seele gebrandmarkt wird, wenn sie durch eigenes Handanlegen oder durch das Eingreifen eines mitfühlenden Betreuers ihren Körper verlässt. Die Seele leidet nicht unter Schuldgefühlen oder dem Eindruck, versagt zu haben, wenn bei ihrem Tod Sterbehilfe im Spiel war.

Anders ist es jedoch, wenn jemand aus einer Kurzschlusshandlung heraus freiwillig aus dem Leben scheidet. Dieser Schritt wird von den meisten bereut. Einige Seelen haben dann oft den Wunsch, rasch in ein neues Leben zurückgeschickt zu werden, um es beim nächsten Mal besser zu machen. Bei medialen Kontakten hört man dann den Satz: *„Du lieber Himmel, wie konnte ich nur so dumm sein!“* Andere möchten aber auch erst einmal einen Ort der Ruhe aufsuchen.

Am liebsten würde die Seele das Geschehen rückgängig machen, da sie jetzt verstanden hat, dass man seine ungelösten Probleme mitnimmt und in der Geistigen Welt noch viel direkter damit konfrontiert wird. Die Prüfungen, denen man sich womöglich entziehen wollte, bleiben einem durch diesen Schritt nicht erspart. Es ist eben nicht mit dem Tod alles aus und vorbei! Und die gute Nachricht ist: Wir haben unendlich viel Zeit für unsere Aufgaben, und unzählige Versuche.

Allerdings ist es laut Aussage mancher Medien auch durchaus möglich, dass der Suizid dem Seelenplan entspricht und die

Seele mit sich im Reinen ist. Wie es sich in jedem individuellen Fall verhält, können wir als Außenstehende nicht beurteilen.

Keine Seele, die freiwillig aus dem Leben geschieden ist, wird aber verurteilt. Jeder wird im Jenseits mit unendlicher Liebe empfangen.

Auch kann sich die Seele die verschiedenen Alternativen ansehen, die sie in diesem Lebenszyklus gehabt hätte, um bessere Entscheidungen treffen zu können. Die Ereignisse lassen sich dabei wie bei einem Film auf einem Bildschirm vor- und zurückspulen. Außerdem kann die Seele die einzelnen Szenen im schnellen Vorlauf, in Zeitlupe oder im Standbild betrachten. Bei dieser Lebensrückschau werden der Seele verschiedene mögliche Realitäten gezeigt, um zu erleben, wie die Sache auch hätte ausgehen können und wie viele Wahlmöglichkeiten das Leben noch geboten hätte. Sie kann auch wählen, ein Ereignis noch einmal zu erleben, um zu erkennen, ob sie es besser hätte machen können.

Unterstützung kann auch von Menschen aus dem Diesseits kommen – in Form von Gebeten. Es ist immer hilfreich, wenn Hinterbliebene die Seele durch liebende Gedanken ins Jenseits begleiten, und Gebete haben immer eine große Kraft und helfen demjenigen, dem sie gelten, ernorm.

Im Gleichnis vom verlorenen Schaf berichtete ***Jesus*** von einem Mann, der hundert Schafe hatte, von denen ihm eins verlorenging, sodass er nach ihm suchte.

Bei *Matthäus* können wir nachlesen:

„Und wenn er es findet, wird er sich über das eine Schaf mehr freuen als über die neunundneunzig, die sich nicht verlaufen haben. Genauso ist es mit eurem Vater im Himmel: Er will nicht, dass auch nur einer verlorengeht."

Tiere im Jenseits

Für ein Tier ist der körperliche Tod nicht mit Angst verbunden, sondern es akzeptiert Altern und Sterben.

Die Verbundenheit zwischen Mensch und Tier bleibt über den Tod hinaus bestehen. Die Verbindung, und vor allem die Liebe zu deinem Tier, reißt nicht ab, niemals, sondern verlagert sich nur auf eine andere Ebene. Dein Tier bleibt in der anderen Ebene eine Art Begleiter für dich.

Bei einer Sitzung mit einem Medium hat sich unter anderem überraschenderweise auch unser geliebter verstorbener Kater auf unmissverständliche Weise bemerkbar gemacht. Uns wurde bestätigt, dass er nach unserem Übergang auf uns wartet. Es ist tröstlich, dass das Leben der Tiere eine Fortsetzung findet, und sie sich an ihre ehemaligen Menschen erinnern und auf ihr Kommen warten.

Das Medium *Gordon Smith* vermutet, dass Haustiere aufgrund ihrer engen Verbindung mit Menschen und der Liebe, die sie ihnen geben, ihre Individualität und Persönlichkeit mehr entwickeln als andere Spezies.

Tiere besitzen neben dem grobstofflichen Körper auch einen feinstofflichen Astralkörper, der in der Astralwelt weiterlebt.

Alle Tiere verfügen über eine Art seelische Energie. Dabei gibt es Unterschiede zur menschlichen Seele und unterschiedliche Arten von Tierseelen. Nach dem Tod existiert die Energie der Tiere in anderen Sphären als die menschliche Seele. In jeder dieser Sphären befinden sich Gruppen von Tieren, und jede Sphäre hat ein eigenes Muster.

Wale, Delphine und Seehunde sind zum Beispiel in einer Gruppe. Bussard und Krähen, Pferde und Zebras jeweils in einer anderen. Tiere schließen sich untereinander in eigenen Gruppen und Arten zusammen.

Wenn ein Tier und ein Mensch jedoch eine enge Bindung zueinander haben, können sie diese Verbindung natürlich auch in der jenseitigen Welt weiterführen.

Die führenden Weltreligionen sind sich allerdings uneins, wenn es um die Frage geht, ob Tiere eine Seele haben.

Im *Judentum* sind Tierseelen der menschlichen Seele gleichgestellt. Dabei steht das Tier auf der niedrigsten Entwicklungsstufe und der Mensch auf der höchsten.

Im *Islam* haben Tiere zwar eine Seele, doch gilt diese nicht als unsterblich.

In den *christlichen Religionen* ist die unsterbliche Seele nur dem Menschen vorbehalten.

Aus unzähligen Jenseitsberichten wissen wir allerdings, dass Tiere eine Seele haben, aber in vielfältiger Ausprägung.

Tierseelen verfügen über kleinere Energiepartikel, haben weniger Masse und sind nicht so kompliziert und vielgestaltig wie die menschliche Seele. Der Hauptunterschied aber ist, dass Tierseelen kein Ego haben.

Es wird auch berichtet, dass jede Lebensform über eine eigene Energiestruktur verfügt. Energie schafft bestimmte körperliche und geistige Formen, die sich von anderen körperlichen Energieformen unterscheiden. Nach dieser Logik kann in einem zukünftigen Leben eine Katze nicht eine menschliche Lebensform annehmen und ein Mensch keine tierische Form, also zum Beispiel als Katze wiedergeboren werden.

Versuche mit deinem Tier jetzt schon eine telepathische Kommunikation aufzubauen, indem du ein Gefühl oder eine Schwingung von deinem Tier wahrnimmst. Die Kanäle, über die Tiere mir dir kommunizieren, können vielfältig sein. Es gibt die Sinne Hellhören, Hellsehen, Hellfühlen, Hellschmecken, Hellriechen sowie Hellwissen.

Wenn du zum Beispiel deinen Hund fragst, ob er gerne badet, könntest du eine Antwort auf folgende Weise erhalten:

Er könnte dir ein Bild schicken von ihm, wie er in einem Fluss steht und freudig im Wasser planscht oder von der Wasseroberfläche trinkt. Das wäre der Kanal *Hellsehen*.

Er könnte dir ein Gefühl von Freude in Bezug auf „im Wasser zu sein" schicken. Das wäre der Kanal *Hellfühlen*.

Er könnte dir einen Satz senden mit den Worten: „Ja, ich liebe Wasser zum Baden!" Das wäre dann der Kanal *Hellhören*.

Du könntest auch, kurz nachdem du die Frage gestellt hast, einfach wissen: „Ja, der Hund badet gern." Das wäre der Kanal *Hellwissen*.

Wahrscheinlich hast du sofort ein Bild von deinem Tier vor deinem inneren Auge oder ein Gefühl, wenn du jetzt in diesem Moment an dein Haustier denkst.

Nimm dir einen Moment der Ruhe und Ungestörtheit.

Wenn dein Tier verstorben ist, kannst du ebenfalls diese Kommunikation aufbauen oder weiterführen. Konzentriere dich auf deinen Herzbereich und stell dir vor, wie du von dort aus eine Frage oder einen liebevollen Gruß an dein Tier schickst.

Atme tief ein und aus und warte ab, was passiert. Es kann sein, dass du prompt genau in deinem Herzen eine Antwort oder ein Gefühl deines Tieres bekommst. Auch im Traum oder im Zu-

stand zwischen Schlafen und Aufwachen kann so ein Kontakt möglich sein, und auf diese Weise kann dir eine Antwort auf deine Frage zuteilwerden.

Welche Freude erwartet uns wohl in der Geistigen Welt, wenn wir unsere alten vierbeinigen Freunde wiedersehen.

Begegnungen und Aufgaben im Jenseits

In welcher Jenseitssphäre wir drüben ankommen, hängt, wie schon erwähnt, weitgehend davon ab, wie wir uns ein Weiterleben nach dem Tod vorgestellt haben, was hauptsächlich durch unsere Gesinnung bestimmt wird.

Erste Orientierung und Hilfestellung nach unserem Übergang erhalten wir in der Regel von unseren vorausgegangenen Liebsten und unserem Geistführer. Wie bei einer Geburt auf Erden werden wir dort umsorgt, denn schließlich werden wir in die diesseitige Welt „hineingeboren". Dort sind wir zusammen mit Mitgliedern unserer Seelenfamilie – den Seelen, die ähnlich schwingen und denen wir durch verschiedene Inkarnationen in unterschiedlichen Rollen begegnen, in denen wir gemeinsam lernen, wachsen und uns weiterentwickeln.

Die Kommunikation im Jenseits erfolgt durch Gedankenverbindungen. Man nutzt keine Worte. Es genügt, einen Gedanken zu denken, um sich miteinander in Verbindung zu setzen. Dabei handelt es sich sozusagen um eine telepathische Gedankenübertragung. Persönliche Titel, gesellschaftliche Stellung, akademische oder militärische Grade spielen im Jenseits keine Rolle mehr. Eine Seele, die in ihrem Erdenleben zum Beispiel eine prominente Persönlichkeit war, mag im Jenseits nicht sonderlich auffallen, während eine andere, die auf Erden ein unscheinbares und einfaches Leben geführt hat, vielleicht aufgrund ihrer geistigen Entwicklung eine wunderbare Ausstrahlung aufweisen wird.

Aus Jenseitsberichten erfahren wir, dass die Zugehörigkeit zu einer menschlichen Rasse oder Nation vor allem in der Astralwelt noch übergangsweise erhalten bleibt. Beim Aufstieg in höhere Bereiche ist das aber nicht mehr von Bedeutung. Die Seele hat letztlich erkannt, dass wir alle eins sind und diese Unterscheidungen sich erübrigen. In der *Offenbarung des Johannes* heißt es dazu, dass eine große Menge Menschen aus allen Nationen, Stämmen, Völkern und Sprachen vor dem Thron Gottes stand *(Offenbarung 5, 9).*

Auch die religiöse Glaubenszugehörigkeit wird nach dem Übergang in der Astralwelt erst einmal beibehalten, genauso wie die dogmatischen Kirchgänger weiterhin ihre alten Traditionen und Rituale pflegen wie auf Erden. In den höheren Bereichen gibt es jedoch weder kirchliche Einrichtungen noch Priester, Bischöfe oder Imame, und auch keine Rangordnung mehr, keine Glaubensbekenntnisse, keine Gelübde und keine Beschränkungen. Das Religiöse wird zwar praktiziert, aber es gibt nur das göttliche Gebot der Liebe, des Lichts, der Weisheit und des Wunsches, einander verstehen zu wollen. Gottesdienste bestehen aus Musik, Gesang und Gebeten.

Die Geistige Welt ist eine Welt der Aktivität und nicht der „ewigen Ruhe“, wie man so oft in Nachrufen an Verstorbene hört. Jede Seele ist eingeladen, am Entwicklungsgeschehen der Geistigen Welt mitzuarbeiten. Welche Aufgaben dort zu verrichten sind, hängt davon ab, was der Mensch in seinem letzten Leben, gedacht, gewünscht und getan hat. Jede Beschäftigung und jede Aufgabe wird freiwillig übernommen. Tiefes Interesse und große Zuneigung sind alles, was man für eine Tätigkeit benötigt.

Manche übernehmen zum Beispiel die Aufgabe, als *„Schutzengel“* ihre Angehörigen auf Erden zu begleiten und ihnen in schwierigen Lebenslagen nach Möglichkeit beizustehen. Andere wiederum empfangen heimkehrende Seelen und helfen ihnen, sich zurechtzufinden und zu orientieren. Auch Heiler gibt es in der jenseitigen Welt. Wer ein schwieriges, traumatisches oder herausforderndes Leben auf der Erde hinter sich hat, benötigt anfangs oft eine Zeit der Aufarbeitung, Erholung und Heilung.

Als spirituelle Lehrer unterstützen manche Seelen andere, ihre Bewusstheit und Fähigkeiten zu verbessern, um ihre spirituelle Essenz erfahren zu können.

Als spirituell Reisende erkunden sie sämtliche Dimensionen des Universums und unternehmen als Forscherseelen Reisen in physische und geistige Welten und möchten Erfahrungen in unterschiedlichen Bereichen und verschiedenen Welten sammeln. Es gibt auch Seelen, die sich mit der Erschaffung von Materie und Lebensformen beschäftigen.

Jegliche Forschung, die hier auf Erden betrieben wird, hat ihren Ursprung in der Geistigen Welt. Jenseitige Wissenschaftler beschäftigen sich dort intensiv mit allen erdenklichen Forschungsgebieten, um den Stand der Wissenschaft auf der Erde voranzubringen. Einerseits inspirieren sie irdische Wissenschaftler und weisen den Weg zu neuen Entdeckungen, welche die Menschheit weiterbringen. Andererseits nehmen sie Erkenntnisse aus diesen Forschungen bei einer neuen Inkarnation mit, um so Entwicklungen auf der Erde voranzutreiben.

Ebenso verhält es sich mit Kunst, Musik und Sprachen. Man kann davon ausgehen, dass sich Menschen mit besonderen, herausragenden Begabungen hier auf Erden bereits vor ihrer Geburt oder seit vielen Leben immer wieder damit beschäftigt haben.

Eine herausragende Rolle in der Geistigen Welt spielt die Musik. Es gibt dort Musikgesetze, Tonintervalle und Tonfolgen, die auf Erden nicht bekannt und für unser Fassungsvermögen auch nicht vorstellbar sind. Musiker setzen ihre Arbeit in der Jenseitswelt fort, indem sie neue Werke komponieren und jene vervollkommnen, die sie auf Erden geschaffen haben.

Musik wird dort nicht nur gehört, sondern auch gesehen, gefühlt und gelebt. Die Klänge lassen gewaltige Formen entstehen, die einen spirituellen Einfluss auf alle ausüben, die sie wahrnehmen oder in ihren Bereich kommen. Musik ist eine bevorzugte Ausdrucksform von Harmonie und Schönheit.

Auch der Gesang ist in der himmlischen Geisteswelt von besonderer Bedeutung. Bei Gesängen wirkt manchmal die gesamte anwesende Gemeinschaft mit. Man singt nicht mit seiner Stimme, sondern mit seinem ganzen Wesen, Gedanken, Empfindungen und Sehnsüchten. Jeder Klang und jedes Echo erzeugt dabei Farbsymphonien.

Früher, als ich noch wusste, wer ich vorher war

Hier auf Erden befinden wir uns im *„Land des Vergessens"*, und es herrscht großes Misstrauen allem gegenüber, was über die sichtbare Wirklichkeit hinausgeht und was wir nicht mit unseren gängigen Methoden nachprüfen können.

Joanne Klink erzählt in ihrem Buch *„Früher, als ich groß war"* erstaunliche Geschichten von Kindern, die mehr wissen, als wir vermuten, da sie noch zwischen zwei Welten leben. Ein dreijähriger Junge fragte zum Beispiel seine Mutter: *„Soll ich dir sagen, warum Babys noch nicht sprechen? Sie wissen noch zu viel!"* [31]

Oft benutzen Kinder Worte, die sie in ihrem kurzen Leben noch nie gehört haben. So haben sich meine beiden Söhne, als sie noch klein waren, aus unerfindlichen Gründen immer *„Kaku"* und *„Hui"* genannt. Manchmal sehen Kinder auch Gestalten, die nicht von oder in dieser Welt sind, oder sie sehen die Oma, die bereits gestorben war, bevor das Kind geboren wurde.

Man sagt, die Augen seien die Fenster zur Seele. Manchmal scheint es, als ob die Augen von Babys immer in die Ferne schauen, in die Augen ihrer Seelenbegleiter. Sie haben Augen, die mehr sehen, und Ohren, die mehr hören.

Ist es nicht auch erstaunlich, dass die Berichte von Kindern mit Berichten von Menschen übereinstimmen, die Nahtod-Erfahrungen hatten?

Da Kinder noch zwischen zwei Welten leben, sind sie bei uns nur halb anwesend. Man vermutet, dass dies an der an-

---

31 Joanne Klink: *„Früher als ich groß war – Reinkarnationserinnerungen von Kiundern", 4. Auflage 1998*

fangs aus physiologischen Gründen noch offenen Fontanelle liegt (Kronenchakra), wodurch sie noch einen viel stärkeren Zugang zur Geistigen Welt haben, die für uns unsichtbar ist. Die Frequenz der langsameren Alpha-Wellen ist bei ihnen noch stärker ausgeprägt als die schnelleren Beta-Gehirnwellen, die für das Wachbewusstsein zuständig sind. Somit können gerade kleine Kinder ganz andere Dinge als wir Erwachsene wahrnehmen.

Wir könnten so viel von den Kindern lernen, wenn wir sie ernster nehmen und ihnen wirklich glauben würden, dass sie aus einer Quelle voller Wissen schöpfen, die uns verschlossen ist. Sie bringen uns direkte Erinnerungen aus einer anderen Welt mit. Leider wird ihnen nicht wirklich zugehört, und sie werden auch nicht ernst genommen. Wir sollten ihnen aber zuhören, was sie uns erzählen und beschreiben, denn sie erzählen von der Wirklichkeit. Sie lassen sich nicht irgendein beliebiges System, das auf die momentanen Strukturen ausgerichtet ist, einfach überstülpen. Meistens werden ihre Aussagen und Geschichten jedoch als Phantasieprodukte abgetan.

Phantasie kann aber auch eine Wahrheit darstellen, wenn auch eine andere Wahrheit als die uns gewohnte. Es ist traurig, wenn Kinder nicht verstanden werden oder sogar Angst haben müssen, dadurch abgelehnt zu werden. Wer davon ausgeht, dass Kinder nichts wissen, sozusagen als unbeschriebenes Blatt zur Welt kommen und alles erst erlernen müssen, hört natürlich nicht auf das, was sie sagen.

Natürlich muss man Kindern zum eigenen Wohl auch gewisse Grenzen und Regeln aufzeigen, die beachtet werden müssen. Wir sollten aber bedenken, wie anstrengend diese Inkarnation für Kinder ist, da sie bereits in der Energie des Neuen

Zeitalters schwingen. Sie müssen ihre jetzige Energie ständig drosseln, um bei sich bleiben zu können. Deshalb leiden einige unter „Lern- oder Konzentrationsstörungen“. Sie sind bereits ausgerichtet auf die kommenden neuen Strukturen, nicht auf das momentane System. Wir sprechen hier von einer Y- und Z-Generation.

Jesus hatte stets ein offenes Ohr und ein großes Herz für Kinder. Er sagte, dass den Kindern offenbart werden würde, was den Gelehrten verborgen bliebe.

„Ihre Engel sehen stets das Angesicht meines Vaters im Himmel.“ (Matthäus 18:3, 19:14, Lukas 10:21)

Und weiter: *„Keiner ist so stark mit Gott verbunden wie die Kinder.“ (Lukas 10:21).*

Kinder bringen die göttliche Liebe auf Erden und helfen uns, zu unserem tiefsten Selbst zu gelangen. Besonders behinderte Kinder haben freiwillig dieses Schicksal aus Liebe auf sich genommen. Meistens handelt sich bei ihnen um „alte“ bzw. weit fortgeschrittene Seelen.

Kinder haben ein bewusstes inneres Wissen von ihrem Lebensschicksal, ihrem Leben und auch vom Tod.

Elisabeth Kübler-Ross, die etwa tausend Kinder beim Sterben begleitet hat, schrieb in *„Kinder und der Tod“:*

„Kinder wissen, wie ihre Krankheit ausgeht. Sie lassen sich nichts vormachen. Sie sterben viel einfacher als Erwachsene. Sie malen ihre eigene Diagnose, bevor der Arzt sie untersucht hat.“[32]

---

32 Elisabeth Kübler-Ross: *„Kinder und Tod“, Taschenbuchauflage Februar 2000, S. 15*

Für Erwachsene sind der Tod und das Sterben das Schlimmste, was einem passieren kann, als wäre das Leben auf Erden das einzige, das es gibt. Geburt bedeutet jedoch eine Beschränkung, ein „Sich-Einkleiden“ da sie aus höheren Dimensionen hier inkarnieren, und Tod Befreiung aus diesem Korsett. In vielen „Durchgaben“ aus der jenseitigen Welt wird erzählt, dass Kinder, die jung sterben, in einer sogenannten Kindersphäre unter der Fürsorge von Engeln oder Geistführern aufwachsen und sich weiterentwickeln dürfen.

Kinder glauben nicht an den Tod, sondern an das Leben.

Als meine Frau ein kleines Mädchen war, fragte sie ihre Mutter: *„Müssen wir alle sterben?“* Die Mutter antwortete: *„Ja, das müssen wir.“* Die Kleine hakte nach: *„Ich auch?“ „Ja, auch du“,* antwortete ihre Mutter. *„Nein, ich weiß das ganz sicher, ich sterbe nicht!“,* antwortete die Kleine entrüstet und war ganz entsetzt, da sie innerlich sehr genau wusste, dass man in Wahrheit gar nicht sterben kann.

Kinder kennen meistens auch keine wirkliche Todesangst, da sie nicht an den Tod glauben. Sie haben noch dieses innere Wissen und verlassen sich auf ein Weiterleben in der jenseitigen Welt.

So sagte ein kleines Enkelkind, als seine Oma gestorben und aufgebahrt war: *„Da, wo du jetzt hingehst, ist es hell. Im Himmel wirst du dich heller fühlen.“*

Dieses Wissen und diese Erinnerungen der Kinder verblassen jedoch allmählich nach dem siebten Lebensjahr, hat Professor *Stevenson* festgestellt.

Kinder des Neuen Zeitalters achten und lieben ihren Planeten und würden nichts tun, das ihm schaden würde. Denken wir nur an die schwedische Klimaschutzaktivistin *Greta Thunberg*, die mit ihrem Schulstreik für eine konsequente Klimapolitik weltweites Interesse entfachte, das zu der Bewegung *Fridays For Future* führte. Anders als viele Politiker haben die Kinder des Neuen Zeitalters erkannt, dass man eher von einem Klimanotstand als von einem harmlosen Klimawandel und einer Erderhitzung als von einer Erderwärmung sprechen muss. Die Klimabewegung hat wohl allen deutlich gemacht, dass CO2 Emissionen, das Artensterben, die Verseuchung durch Plastik und andere Giftstoffe und die Waldvernichtung von Jahr zu Jahr kontinuierlich zunehmen.

Dabei wäre eine Lösung so naheliegend: Einer Studie zufolge kann der Klimawandel durch nichts so effektiv bekämpft werden wie durch Aufforstung. Bäume zu pflanzen hat das Potenzial, zwei Drittel der bislang von Menschen verursachten klimaschädlichen CO2 Emissionen aufzunehmen.

Sollten wir vielleicht dem Lied von *Herbert Grönemeyer* doch mehr Beachtung schenken und den Kindern das Kommando geben?

Nicht nur Ökologen fragen sich: ***Gibt es überhaupt intelligentes Leben auf der Erde?***

Joanne Klink berichtet von einem 6-jährigen Mädchen Folgendes:

„Wenn du stirbst, gehst du zum Himmel zurück, sie kommen dich abholen. Kommst du oben an, kriegst du Essen, schöne Bäume, Früchte, du hast nie Hunger, begegnest Menschen, die

schon tot sind, und anderen, die wieder anders werden, lebendig werden, um zur Erde zu gehen. Sowas fühle ich."[33]

Ein Kind zeichnete ein Bild davon, wo es vor der Geburt herkam und wo es nach dem Tod hingehen werde. Das Mädchen sagte: *„Auf diesem Lichtstrahl kam ich aus dem Himmel herunter, und später gehe ich darauf wieder zurück."*

Manche Kinder weinen nach der Geburt wochen- oder monatelang, obwohl sie gesund und satt sind und die ganze Fürsorge der Eltern erhalten. Die Eltern sind verzweifelt, machen sich Sorgen und bekommen Schuldgefühle. Auch die Ärzte und Pädagogen sind ratlos. Das Kind kann sich nicht mitteilen, und man kann nur raten, was in ihm wohl vorgeht. Vielleicht weint es aber nur, weil es Heimweh hat. Geboren zu werden ist ein schwieriger Prozess, ein Übergang aus höheren Lichtsphären in die Tiefe der Erde, an die man sich erst gewöhnen muss.

Ein zweijähriges Kind weinte und sagte, es möchte „nach Hause" gehen.

Kinder sind viel offener für die inneren Welten und haben dadurch viel lebendigere Erinnerungen an ihre Vergangenheit.

---

33 Joanne Klink: *„Früher, als ich groß war – Reinkarnationserinnerungen von Kindern", 4. Auflage 1998, S 60*

Seelenplan und Seelenverträge

Du bist Teil des Göttlichen, das in die Materie inkarniert ist, um die Dualität zu erfahren und deinen Seelenplan zu verwirklichen. Jede Seele schreibt ihren eigenen Seelenplan, bevor sie inkarniert. Dieser wird in der ***Akasha Chronik*** gespeichert, die alle Seelenpläne jedes Wesens auf Erden enthält.

Die Akasha Chronik ist vergleichbar mit einer großen Bibliothek, in der alles Wissen gespeichert ist. Hohe Wesen, die sogenannten *Rishis,* haben die Seelenpläne aller Menschen, die jemals darauf zugreifen werden, vor Jahrtausenden auf Palmblätter aufgeschrieben. Eingeweihte Brahmanen in Indien, Bali und anderen Ländern haben Zugang zu diesen Schriftrollen, und jeder kann bei ihnen Einsicht in seinen Seelenplan bekommen.

In Bali haben wir mit einer Gruppe Interessierter solch einen Brahmanen aufgesucht, der uns jeweils einzeln aus unserer Schriftrolle unseren Seelenplan vorgelesen hat. Dieser bezog sich nicht nur auf dieses, sondern auch auf vergangene und zukünftige Leben. Im nächsten Kapitel *„Palmblattlesung“* werde ich auf dieses Thema näher eingehen.

Der Seelenplan einer Seele ist ein ausgeklügeltes System von Verknüpfungen mit den Seelenplänen von Seelen, die der gleichen oder einer ähnlichen Seelenfamilie angehören. Sie stellen sich freiwillig für diese Inkarnation zur Verfügung und inkarnieren gemeinsam in unterschiedlichen Rollen. Durch diese Seelenverträge vereinbaren zwei oder mehrere Seelen, sich bei den Lebensaufgaben, die sich selbst gestellt haben, gegenseitig zu unterstützen. Alles, was dir in deinem Leben widerfährt, jeder Verlust, jeder Schicksalsschlag und jede Herausforderung ist deshalb von deiner Seele selbst festgelegt worden und dient einzig und allein dem Zweck, dich zu erfahren und spirituell zu wachsen. Es gibt somit auch keine Zufälle.

Eine Seele möchte sich zum Beispiel als liebende oder hartherzige Mutter erfahren, und eine andere erklärt sich bereit, das Kind zu sein. Stirbt das Kind beispielweise einen frühen Tod, bedingt durch eine unheilbare Krankheit, fangen die Eltern vielleicht erstmalig an, sich mit der Geistigen Welt zu beschäftigen. Oft gehen sie dann ganz neue Wege, gründen eine Selbsthilfegruppe zur Unterstützung anderer Eltern, deren Kinder ebenfalls schwer erkrankt sind, kümmern sich liebevoll um andere, die ein ähnliches Schicksal erlebt haben, oder unterstützen die Forschung, die sich mit diesem bestimmten Krankheitsbild beschäftigt. So finden sie zu ihrer wahren Berufung und können schließlich den Tod ihres Kindes nicht nur als Schicksalsschlag, sondern auch als Chance erkennen.

„Sternenkinder" haben sich in der Regel nicht nur wegen ihres eigenen Lebensplans inkarniert, sondern sich außerdem aus Liebe für ihre Eltern und andere Menschen bereit erklärt, auf Erden geboren zu werden, nur um nach kurzer Zeit wieder in die Geistige Welt zu wechseln. Ihr früher Tod dient also vor allem der seelischen Entwicklung der Angehörigen, die mit dem frühen Verlust eine besonders intensive und schmerzhafte Lebenserfahrung eingehen. Das verstorbene Kind ist aber nicht verloren, wenn sein irdisches Leben beendet ist. Eine Seele muss nicht nach irdischen Maßstäben alt werden, um sich weiterzuentwickeln.

Zeit hat keine Bedeutung. Es geht um die Intensität des menschlichen Lebens. Wir dürfen davon ausgehen, dass die Seele ihre Aufgaben hier in diesem Leben vollendet hat, wenn sie ihren Körper verlässt und hinübergeht.

Manche Seele muss eigentlich nicht mehr inkarnieren und inkarniert nur noch aus Liebe zu einer anderen Seele, die eine bestimmte Erfahrung machen möchte und dies zu ihrer Entwicklung braucht.

Neale Donald Walsch hat dieses Geschehen in eine wunderbare Geschichte in dem Kinderbuch *„Ich bin das Licht – Die kleine Seele spricht mit Gott"* gekleidet.[34]

Aus menschlicher Sicht ist es zwar ein großer Schmerz, einen geliebten Menschen zu verlieren, aber aus Sicht der Geistigen Welt ist es ein großes Geschenk. Sie sagt: „Ihr seid nie wirklich voneinander getrennt. Die vorausgegangene Seele ist immer bei euch und mit eurem Herzen verbunden."

Eines der wichtigsten Dinge ist, *„Verzeihen"* zu lernen, und das ist nur in Interaktion mit anderen Seelen möglich. Verzeihen ist der Schlüssel zur allumfassenden Liebe. Es heilt nicht nur dich, der du verzeihst, sondern auch den Menschen, dem du verzeihen kannst, denn Verzeihen löst alle Verhärtungen im Herzen. Verzeihen ist also von großer Wichtigkeit für deinen Heilungsprozess. Alles, was dir widerfährt, geschieht aus Liebe, auch wenn es dir manchmal nicht so vorkommt. Du selbst bestimmst das Tempo deiner Entwicklung. Menschen, die dich begleiten, und vor allem denjenigen, die dir zuweilen das Leben schwer machen, verdankst du dein Vorwärtskommen am meisten.

Beschließt eine Seele, wieder zu inkarnieren, dann baut sie auf ihren Erfahrungen der bisherigen Inkarnationen auf. Jede Inkarnation bietet eine erneute Möglichkeit des Wachstums. Herausforderungen, die in den vorhergehenden Inkarnationen nicht bewältigt wurden, haben jetzt die Möglichkeit, aufgelöst zu werden.

34 Neale Donald Walsch: *„Ich bin das Licht - Die kleine Seele spricht mit Gott", 2. Auflage 1999*

Wir inkarnieren jedoch nie als komplette Seele. Nur ein Teil der Seele hat beschlossen, sich auf dem Planeten Erde oder anderswo zu inkarnieren. Dieser Teil macht Erfahrungen, die nur in der Dualität möglich sind. Je nach Aufgabe und Anforderung handelt es sich dabei um einen größeren oder kleineren Anteil der Gesamtseele. Der Rest der Seele, das *„Höhere Selbst“*, bleibt in der Geistigen Welt zurück und sammelt Erfahrungen in anderen Dimensionen. Dieser Planet ist aber, wie gesagt, nicht der einzige im Universum, auf dem sich die Seele erfahren darf. Somit sind wir multidimensionale Wesen, die inkarnieren, und dennoch sind wir auch gleichzeitig in der Geistigen Heimat.

Die Seele hat sich in ihrem Seelenplan auch Wahlmöglichkeiten mit eingebaut, sogenannte Abkürzungen, indem sie sich erlaubt, den vorgeschriebenen Weg zu verlassen. Diese Wahlmöglichkeiten wurden bereits in der Geistigen Welt mit ihren Mitstreitern aus der Seelenfamilie besprochen.

Vielleicht hast du schon einmal Berichte von Menschen gehört, die eine Nahtod-Erfahrung hatten. Sie waren in einer lebensbedrohlichen Situation, mussten wiederbelebt werden und erzählten nach ihrem Wiedererwachen, dass sie einem lichtvollen Wesen begegnet sind, das sie vor die Wahl stellte, wieder zurück in ihren Körper zu gehen, oder den Weg weiter ins Licht fortzusetzen. Diese Entscheidung hat natürlich auch Auswirkung auf die gesamte Seelenfamilie. Auch die Seelen der Seelenfamilie erfahren dadurch eine Beschleunigung ihrer Entwicklung, da ja alle miteinander verbunden sind. Es gibt also keine Vorherbestimmung, sondern wir haben immer die Möglichkeit der freien Wahl, wenn wir merken, dass die Strukturen und das Umfeld, in das wir eingebunden sind, es uns nicht ermöglichen, das zu leben, was wir sind.

Da wir in der Dualität leben, wollen wir unsere Visionen nach unserem linearen Denken umsetzen. In der Geistigen Welt gibt es aber keine Zeit und kein lineares Denken, weswegen es oft zu Überraschungen auf unserem Lebensweg kommt.

Wir haben zum Beispiel einen Plan A, und plötzlich erscheint Plan B, obwohl Plan A noch gar nicht umgesetzt worden ist. Vielleicht kommt noch ein Plan C und ein Plan D hinzu, den wir überhaupt nicht eingeplant hatten. Es scheint, dass unsere ganzen Pläne über den Haufen geworfen wurden. Das hängt damit zusammen, dass die Geistige Welt den Gesamtüberblick hat und nicht unser lineares Denken.

Vielleicht werden jetzt aber Wünsche verwirklicht, die bereits total in Vergessenheit geraten sind, nicht jedoch für die Geistige Welt. Dein Höheres Selbst hat stets den großen Überblick und weiß um deinen kompletten Seelenplan und deine dir selbst gestellten Lebensaufgaben.

Deswegen ist es wichtig, flexibel zu bleiben und Vertrauen zu behalten, wenn eine Tür zugeschlagen wird, denn es werden sich nur Türen öffnen, die gut für dich sind. Hör also nicht immer nur auf deinen Verstand, sondern vertrau auf deine innere Stimme, auf deine Intuition, was wichtig für dich ist und was dir guttut – es ist die Sprache deiner Seele.

Intuition ist dein innerer Kompass, der dir sehr zuverlässige Hinweise gibt, wie du deine ganz eigenen Potenziale nutzen kannst. Denn ohne inneren Kompass gibt es viele Antworten, die augenscheinlich richtig sind. Du weißt dann nur nicht, ob sie auch für dich stimmig sind. Denn letztendlich bewahrt sich deine eigene Intuition davor, in eine Richtung zu steuern, die nicht wirklich zu dir gehört.

Palmblattlesung

Sogenannten *Rishis* haben vor ca. 5000 bis 7000 Jahren auf präparierten Palmblättern Informationen zu jeweils einer Person niedergeschrieben.

Rishis kann man als Heilige, Seher oder auch als Lichtwesen bezeichnen, deren Ursprung für uns im Dunkeln liegt. Über das Palmblatt bekommt man die Information, ob und wie oft diese Person schon einmal gelebt hat, und erhält alle möglichen Informationen über ihre Vergangenheit, Zukunft und Gegenwart.

Palmblätter wachsen in Indien und auf Bali sozusagen vor der Haustür, und wenn man sie gut präpariert, halten sie 300 bis 800 Jahre, weshalb das Palmblatt als Informationsträger sehr gut geeignet ist.

Die Schrift wurde in die Palmblätter beidseitig eingeritzt. Brahmanen, die Priester im Hinduismus, haben dafür Sorge zu tragen, dass ein Palmblatt neu beschrieben wird, bevor es kaputtgeht, was sie in regelmäßigen Abständen seit ungefähr 5000 bis 7000 Jahren tun. So alt sind die Informationen.

Die Veden wurden ebenfalls in dieser Weise niedergeschrieben. Der Wortstamm *„Veda"* heißt *„Wissen von anderen Dingen"*. Im Westen kennen wir das Ayurveda, was bedeutet *„das Wissen von der Gesundheit"*. In der Veda finden sich Informationen zu Mathematik, Physik, Astronomie, Astrologie und zur Quantenphysik, wobei die Quantenphysik bei uns im Westen erst im letzten Jahrhundert erforscht wurde.

In den Veden ist zu lesen, dass der Mensch sich in einer Schwingungsebene befindet, die Raum und Zeit beinhaltet, dem sogenannten Raum/Zeit Kontinuum. Der Mensch lebt aber auch gleichzeitig in einer Schwingungsebene von Vergangenheit, Gegenwart und Zukunft. Diese Ebene nennen die Rishis die Unendlichkeit, denn Raum und Zeit haben in dieser Ebene keine Bedeutung mehr.

Einstein hat im letzten Jahrhundert dieses Raum/Zeit Kontinuum entdeckt und somit bestätigt, was die Rishis schon vor 7000 Jahren wussten. Die Rishis kannten aber auch noch diese andere Schwingungsebene, in der es weder Vergangenheit noch Zukunft gibt. Man kann sie sich als „über der Zeit" gelegen vorstellen. Dort gibt es nur das Jetzt. Und hier kommen wir zum Palmblattlesen.

Man kann nur deshalb ein Palmblatt lesen, weil die Information als solche immer vorhanden und in dieser Schwingungsebene „über der Zeit" angesiedelt ist. In dieser Ebene ist alles gleichzeitig vorhanden, was mittlerweile von der Quantenphysik bestätigt wurde und als das Phänomen der Verschränkung bezeichnet wird. Quantenphysiker haben diese Schwingungsebene also auch entdeckt, in der es weder Raum noch Zeit gibt. Die Verschränkung besagt, dass ein Atom Einfluss auf ein anderes Atom hat, unabhängig davon, wie weit es entfernt ist. Raum und Zeit haben dabei keine Bedeutung

Nach dem Verständnis der Schamanen existiert alles gleichzeitig, lediglich in unterschiedlichen Schwingungszuständen, die auch als Dimensionen bezeichnet werden. Je höher die Schwingung, desto höher die Dimension.

Die Vergangenheit ist die Summe aller gemachten Erfahrungen, die Gegenwart der Ist-Zustand und die Zukunft die Summe aller Möglichkeiten. Wenn wir uns im Raum der Unendlichkeit bewegen, also jenseits der linearen Zeit, dann haben wir Zugriff auf alles, was sich in diesem großen Meer des

Bewusstseins befindet. Indem die Rishis also diesen Raum öffnen und sich jenseits der linearen Zeit begeben, können sie auf Erfahrungen aus längst vergangenen Dimensionen und auf zukünftige Möglichkeiten zugreifen. Sie haben Zugang zu Informationen, die jenseits all unserer Vorstellungsmöglichkeiten liegen und in den höchsten Dimensionen bereits Wirklichkeit geworden sind.

Es gibt verschiedene Arten von *Readings* (das Vorlesen aus dem Palmblatt).

In Indien zum Beispiel benötigt der Brahmane Namen und Geburtsdatum der betreffenden Person, die dazu dienen, das entsprechende Palmblatt für diese Person zu finden.

Die Fingerabdrücke sind eine weitere Möglichkeit, das entsprechende Palmblatt zu finden,

Es ist schon erstaunlich, dass die Rishis bereits vor 7000 Jahren anhand der Fingerabdrücke feststellen konnten, um welche Person es sich handelt.

Auf Bali benötigen die Brahmanen auch nur Namen und Geburtsdatum. Das Geburtsdatum wird dann im *Pawukon*-Kalender nachgeschlagen, einem Teil des vedischen Kalenders.

Wir kennen die unterschiedlichsten Kalender verschiedener Kulturen, wie zum Beispiel den *Maya*-Kalender, der vor über 5000 Jahren aufgelegt wurde. Dieser hat 260 Tage.

Der vedische Kalender entstand in Indien und besteht aus dem *Saka*- und dem *Pawukon*-Kalender. Der Saka-Kalender arbeitet mit dem 12-Monats-Rhythmus wie unser Gregorianischer Kalender, während der Pawukon-Kalender 210 Tage hat.

Der Pawukon-Kalender und der Maya-Kalender haben etwas gemeinsam, nämlich die Information über den Menschen.

Beim Maya-Kalender kann man zu einem Schamanen gehen und diesen nach seiner Bestimmung auf Erden fragen. Beim Pawukon-Kalender geht man zu den Brahmanen, um etwas über sich zu erfahren. Interessanterweise entstanden beide Kalender vor über 5000 Jahren zum gleichen Zeitpunkt, dabei liegen beide Kontinente tausende Kilometer voneinander entfernt.

Ein Reading auf Bali beginnt bei der Geburt und erstreckt sich hin bis zur Nennung des genauen Zeitpunkts des Todes, was für manche Menschen natürlich erschreckend sein kann, die wenigsten möchten ja so ganz genau wissen, wann sie sterben.

Zu Beginn eines Readings bekommt man eine genaue Erläuterung seiner individuellen Charaktereigenschaften anhand von 4 bis 6 Symbolen. Dir wird mitgeteilt, wie oft du schon inkarniert warst und wie oft du wiederkommen wirst, zum Teil auch, in welcher Rolle und mit welchen Lebensaufgaben. Danach geht es in den Bereich der jetzigen Inkarnation, welche Fähigkeiten und Talente in beruflicher oder privater Hinsicht du hast, welche Schwächen dir zu schaffen machen, welche Krankheiten auftauchen können und was du dagegen tun kannst, oder welche Probleme noch kommen werden. Was sind deine Lebensaufgaben? Das Leben wird in Abschnitten von jeweils sieben Jahren näher beschrieben, und es wird dir gesagt, wie schwer oder einfach dieser Lebensabschnitt für dich war und noch zukünftig werden wird.

Die Brahmanen geben auch immer wieder Hinweise, wie man etwas ändern kann, also wie eine mögliche Zukunft auch aussehen könnte, denn diese ist nicht in Stein gemeißelt. Du kannst mit deiner Energie und deinem freien Willen jederzeit deine Zukunft verändern und beeinflussen.

Falls der Brahmane die Antwort auf eine Frage nicht im Palmblatt findet, bittet er die betreffende Person, ihm die Handflächen zu zeigen, denn eine Menge an Informationen sind auch in den Handflächen zu finden. Er kann auch kurz in Trance gehen und sich die Aura, die Chakren und die Energien des Menschen ansehen. Er erkennt sehr genau, ob jemand erkrankt ist, und kann durch einen Energietransfer auch eine Heilung bewirken, wenn dies vorgesehen ist.

Ein Reading dauert ca. 90 Minuten, oder auch länger, und wird über Voice Recorder aufgezeichnet. Sehr wichtig ist es allerdings, einen erfahrenen Übersetzer hinzuzuziehen, der regelmäßig mit dem jeweiligen Brahmanen zusammenarbeitet, da man sonst mit den Informationen wenig anfangen kann.

Hat jemand jedoch keine Möglichkeit, vor Ort an einem Reading teilzunehmen, dann besteht auch die Möglichkeit, ein Fernreading zu bekommen. Der Brahmane braucht dazu das Geburtsdatum und den Namen, so, wie er im Ausweis hinterlegt ist. Man muss sich allerdings zwei bis vier Monate gedulden, bis man sein Reading erhält. Der Ablauf ist der gleiche wie vor Ort. Man bekommt alle Informationen, allerdings kommt man nicht in den Genuss der dort herrschenden Energien und der einzigartigen Atmosphäre. So eine Palmblattlesung vor Ort im Tempel des Brahmanen, bei brütender Hitze, mit balinesischem Kaffee, frischem Obst, Blütenduft und inmitten von laut krähenden Hähnen, ist ein einzigartiges Erlebnis, das man mit Sicherheit nie wieder vergessen wird.

Himmlische Liebe

Die meisten Menschen verstehen unter Liebe ein Begehren oder Verlangen, was aber nichts mit wahrer Liebe oder himmlischer Liebe zu tun hat.

Liebe ist unser wahres Wesen und bedeutet, jeden so zu akzeptieren, wie er ist und wie es dem Grad seines Erwachens entspricht. Ein wahrhaft Liebender sieht sein Umfeld und seinen Partner als Spiegel seiner selbst. Gefällt ihm dieser Spiegel nicht, nimmt er Korrekturen an sich selbst vor und nicht an seinem Partner. Diese Liebe ist immer da, ohne zu fordern. Sie freut sich, wenn sie geben kann, aber auch empfangen darf. Sie erkennt die Dinge so, wie sie sind, und muss sich nicht erklären. Es bedarf keiner Worte. Diese allumfassende und bedingungslose Liebe ist die stärkste Kraft im Universum.

Das Gegenteil von Liebe ist Angst. Sie hält dich ab, dich bedingungslos in der Liebe zu entfalten. Da ist die Angst vor Terror, Krieg, Krankheit, finanziellem Ruin, der ungewissen Zukunft usw. Es gibt sogar die Angst vor der Angst.

Jesus sagte dazu:

„Seht die Vögel am Himmel. Sie säen nicht, sie ernten nicht, und der Vater im Himmel ernährt sie trotzdem.“

Besser kann man nicht ausdrücken, worum es geht.

Die Liebesfähigkeit im Jenseits ist nicht mit der irdischen Liebe vergleichbar. Sie ist auch nicht in allen Jenseitsbereichen gleich, sondern hängt von der erreichten geistigen Entwicklung ab. In den niedrigeren Astralbereichen finden sich noch viele Seelen ihren Begierden und Täuschungen ausgesetzt. Es herrscht dort eine eher leidenschaftlich-zügellose Liebe vor.

In den höheren Bereichen hingegen ist es eine innige feinere Liebe, die mit nichts vergleichbar ist. Bei einer Vereinigung vereinen sich zwei Astralleiber nicht nur zu einem kleinen Teil wie beim menschlichen Körper, sondern sie durchdringen sich ganz und berühren sich dabei mit allen Teilen ihres Astralkörpers, das zu einem ekstatischen und befriedigenden Gefühl führt, das weitaus herrlicher ist als alles, was man in einem irdischen Körper erfahren könnte.

Beide Astralkörper vermischen sich zu einem Ganzen, und es erfolgt ein Austausch von Elektronen. Dabei entsteht ein friedlich gesättigtes Gleichgewicht, und beide Partner sind neu belebt. All dies geschieht in einem Augenblick, und dennoch vergeht dabei eine Ewigkeit. Eine solche Erfahrung hat mit Sexualität im irdischen Sinne nichts mehr zu tun und ist frei von Machtvorstellungen und Besitzdenken. Dieser Zustand kommt einer wahren Erleuchtung schon sehr nahe.

Paare, die sich im Leben im Streit getrennt haben, müssen nach ihrem Übergang in die jenseitige Welt versuchen, miteinander wieder in Frieden zu kommen, denn gegenseitiger Zorn und Hass können ihre jenseitige Weiterentwicklung stark hemmen. Unversöhnlichkeit kann eine starke Fessel bilden. Daher ist es wichtig, dass man versucht, soweit wie möglich, sich gegenseitig bereits hier auf Erden zu vergeben oder dem Partner nach dem Tod verzeihende Gedanken zu schicken.

Beruht der Streit auf unterschiedlichen Standpunkten, sollte man versuchen, eine vernünftige Lösung des Miteinanders zu finden. Ein gemeinsamer Weg wäre zum Beispiel, aus einem „Ich“ und einem „Du“ ein „*Wir*“ zu schaffen. Ein „*Wir*“ kann sich nicht mehr mit sich selbst streiten, da es ja eins ist. So lässt sich ein vernünftiger Weg finden, um sich zu entwickeln und zu entdecken.

Wenn aber eines Tages eine Beziehung ihre Aufgabe nicht mehr erfüllen kann oder erfüllt hat, dann ist es Zeit, diese liebevoll zu beenden. Wenn man merkt, dass man sich in unterschiedliche Richtung entwickelt, dann nimmt man sich bei der Hand und bedankt sich bei dem anderen für die liebevolle Begleitung und die gegenseitige Hilfe, miteinander ein Stück mehr die eigene Vollkommenheit zu entdecken. Die Beziehung hat dann ihre Aufgabe erfüllt, und man kann in Frieden auseinandergehen.

Manchmal kommt es noch zu Streitigkeiten und Auseinandersetzung bei der Vermögensaufteilung. Auch diese ist ganz einfach zu lösen. Einer teilt das gemeinsame Vermögen und der andere wählt, welchen Teil er haben will. Derjenige, der teilt, muss sehr gerecht teilen, da er nicht weiß, welchen Teil er bekommt. Der andere darf sich einen Teil aussuchen und kann dem anderen nicht böse sein, denn er hat ja geteilt. Das ist die fairste und liebevollste Art der Teilung.

Gründet eine Partnerschaft auf Erden auf einer innigen Liebesgemeinschaft, kann sie im Jenseits auch weiter fortbestehen. Selbst wenn Seelen in ein neues Erdenleben eintreten, kann ihre liebende Beziehung aus einem früheren Leben fortdauern, was natürlich auch in anderen Rollenverteilungen geschehen kann. Beide müssen nicht unbedingt wieder ein Ehe- oder Liebespaar sein.

Einstige Liebes- und Ehepaare können sich aber über verschiedene Zeiten und in unterschiedlichen sozialen Verhältnissen wieder in gleichen oder ähnlichen Beziehungen begegnen.

Die geistige Beziehung zwischen Seelen ist viel stärker als jede Blutsverwandtschaft. Deshalb bleiben Mitglieder derselben Familie in der jenseitigen Welt nicht immer miteinander verbunden. Allerdings können familiäre Bindungen auch Jahrhunderte andauern, indem Seelen in ihren wiederholten Erdenleben immer wieder neue Beziehungen mit ihren Familienmitgliedern eingehen.

☆

Was versteht man unter einer Seelenverwandtschaft?

Man spricht von Seelenverwandtschaft, wenn sich Menschen über zahlreiche Entwicklungsstufen und über mehrere Existenzen hinweg miteinander seelisch verbunden fühlen. Sie kennen und lieben sich seit undenklichen Zeiten.

Der amerikanische Delphinforscher ***John Lilly*** begegnete in einem Haus, in dem eine Dichterlesung stattfand, einer ihm völlig fremden Frau, die am Boden saß. Er setzte sich zu ihr. Sie sahen sich an, und er hatte sofort das Gefühl, dass sie sich schon in einem früheren Leben begegnet waren, und sagte: *„Wo warst du denn während der letzten fünfhundert Jahre?"* Sie antwortete: *„Im Training".*

Beide hatten das Gefühl, dass ihre früheren Leben ein Training gewesen waren, um sich jetzt wiederzusehen.

Ähnlich erging es mir und meiner Frau, als wir uns das erste Mal begegneten. Erstaunt sah sie mich an, und es war ein beiderseitiges Erkennen, als sie sagte:

„Ah, so siehst du jetzt also aus!"

Der Ursprung des Lebens

Das Leben auf dieser Erde muss irgendwie und irgendwo einen Anfang genommen haben. In zahlreichen Jenseitsbotschaften wurde uns versichert, dass vor Milliarden von Jahren Geister Gottes aus den Himmeln tätig waren und erstes Leben auf die Erde brachten. Sie brachten geistige Substanz mit sich, sogenannten himmlische Samen für das neue Leben, das sich auf der Erde entwickeln sollte. Ziel dieses Unternehmens war es, auf dem Planeten Erde die notwendigen Voraussetzungen zu schaffen, damit sich Seelen im Verlauf von mehreren Erdenleben geistig aufwärts und weiterentwickeln können. In diesem Sinne ist unsere Erde eine Art Schulungsplanet.

Durch einen großartigen Entwicklungsschub ging vor rund zwei Millionen Jahren ein Menschenwesen hervor, das dank seiner geistigen Überlegenheit vor rund 25000 Jahren alle früheren Menschenrassen überlebte. Wir kennen es heute als *Homo sapiens*. Dies muss der Fall gewesen sein, als präexistente Geistwesen sich in irdischen Lebensformen verkörperten, womit der Weg zur Menschwerdung frei wurde. Einen Hinweis hierzu finden wir in der Bibel, wonach sich die Göttersöhne mit den Eva-Töchtern vermählt hatten und mit ihnen das Geschlecht der *„Helden der Vorzeit"* zeugten (1.Mos. 6, 1-4). Dies waren menschliche Wesen mit einem höheren Geistbewusstsein.

Zahllose Mythen und Legenden indischer, ägyptischer, sumerischer, griechischer und nordischer Kulturen berichten von Göttern, welche die Menschen begleiteten, belehrten und beeinflussten. Diese materialisierten und inkarnierten Lichtwesen lebten auf Erden und griffen zum Teil direkt in die Menschheitsgeschichte ein. Sie lebten als Menschen unter Menschen und traten als Lehrmeister auf. In Ägypten kennt man sie unter den Namen *Osiris, Isis, Horus* und die *Söhne des Horus*, die vor der Zeit der Pharaonen in Ägypten herrschten. Männliche Avatare konnten mit irdischen Frauen Kinder zeugen ebenso wie weibliche Avatare mit irdischen Männern. Bekannt sind auch die vielen Gottheiten Griechenlands, welche mit Menschen *„Halbgötter"* zeugten. Diese Halbgötter bzw. Helden der Vorzeit waren größer und stärker als die anderen Menschen. Sie besaßen geistige Technologien und verfügten über hohe Geisteskräfte und paranormale Fähigkeiten. Mit ihrer hoch entwickelten Technik erstellten sie unterirdische Gangsysteme und errichteten Bauwerke mit präzise verlaufenden tonnenschweren Steinblöcken, die wir mit all unseren heutigen Maschinen und unseren Kenntnissen nur mit Mühe errichten könnten, wenn überhaupt. Wir finden solche Spuren überall auf der Welt – in Ägypten, Südamerika und anderswo. Praktisch alle Kulturen kennen Geschichten von Riesen.

Hünenhafte Menschen erscheinen aber nicht nur in den Mythen, sondern auch in der Archäologie.

In *Cayuga Township*, südwestlich der Niagarafälle, fand man 1871 in eineinhalb Meter Tiefe zweihundert praktisch intakte Skelette, die zwischen 2,15 bis 2,75 Meter groß waren.

Die *Paiuta*, ein Stamm amerikanischer Ureinwohner aus Nevada, besitzen mündliche Überlieferungen, wonach es frühere weiße Siedler gegeben hat, die als eine Rasse rothaariger Giganten bekannt gewesen war, *Si-Te-Cah* hießen und in einer Höhle lebten.

Auch die Azteken besaßen alte Überlieferungen von einem Volk der Giganten. Man glaubte, dass jene Riesenrassen der *Quinametzin* die Erbauer der Stadt *Teotihucan* und der Pyramide von *Cholula* in *Thachihualtepetl* waren. Die Azteken entdeckten die Stadt selbst erst, als diese schon seit Jahrhunderten verlassen war, und widmeten sie dann ihrem Gott *Quetzalcoatl*, der „gefiederten Schlange".

Die Indianer des Stammes der *Thaxcalteken* aus Mexiko berichten, dass sie die letzten *Quinametzin*-Giganten bekämpften, kurz bevor die Spanier ihre Eroberungszüge antraten.

Funde solcher Riesen gab es überall auf der Erde. Sie passen überhaupt nicht in unser herkömmliches Geschichtsbild und geben uns Rätsel auf. Vieles in den alten Mythen und Legenden mag auf phantasievolle Hinzufügungen zurückgehen, aber diese Geschichten wurden von Generation zu Generation über Tausende von Jahren weitergegeben. Es wäre ein Trugschluss, sie gänzlich als Phantasieprodukte abzutun.

Schlussgedanken

Es ist wichtig, all die unerledigten Dinge jetzt in Angriff zu nehmen und nichts auf die lange Bank zu schieben, da wir nun wissen, dass wir mit den Auswirkungen unserer Taten konfrontiert werden. All die negativen Gefühle und Emotionen wie Wut, Angst, Hass oder Schuldgefühle sollten wir loslassen oder bearbeiten. Wenn wir dies zu Lebzeiten noch umsetzen würden, können wir uns von viel Leid und Schmerz befreien. Alles, was wir nicht bereinigt haben, nehmen wir als Ballast mit in die Geistige Welt und können erst dann in unserer Seelenentwicklung voranschreiten, wenn wir das ausgeräumt haben. Oft müssen wir jedoch immer wieder eine Ehrenrunde einlegen, bis wir unsere selbst gestellte Lebensaufgabe mit den gleichen Mitspielern in anderen Konstellationen erfolgreich abgeschlossen haben.

Was hindert uns daran, jemandem die Hand zur Versöhnung zu reichen und ihm von ganzen Herzen zu verzeihen? Wenn wir anderen vergeben, sind wir selbst Nutznießer unseres Handelns, auch wenn der andere unsere Entschuldigung nicht annehmen möchte. Durch den Akt des Verzeihens befreien wir uns von Wut, Hass, Bitterkeit und Rachsucht. Dies ist die Voraussetzung für unseren inneren Frieden.

In meinen Ausführungen habe ich oft von höherentwickelten und nicht so weit entwickelten Seelen gesprochen. Ich möchte an dieser Stelle betonen, dass diese Aussage keine Bewertung darstellt. Wenn jemand eine höhere Schwingung hat, dann heißt das nicht, dass er besser oder weiter fortgeschritten ist. Er hat einfach eine schnellere Schwingungsfrequenz. Manchmal kann das sogar dazu führen, dass die Herausforderungen des Lebens schwieriger zu bewältigen sind als wenn man nicht so schnell schwingt.

Je langsamer etwas schwingt, desto materieller ist es. Ein Stein schwingt langsamer als eine Blume. Deswegen ist der Stein in seiner Qualität keineswegs weniger wert als eine Blume, oder?

Alles ist Energie, und jede Energie weist eine entsprechende Frequenz auf. Je schneller sie schwingt, desto feinstofflicher, und je tiefer sie schwingt, desto materieller ist sie. Es geht also nicht um irgendeine Bewertung, sondern um die Geschwindigkeit. Als *„böse"* bewerten die meisten Menschen alles, was langsam schwingt, und was schneller schwingt bewerten sie als *„gut"*. Aber ist ein schnelles Auto wirklich „besser" als ein langsames? Ist schnelle Musik wirklich „besser" als langsame? Ist eine Schnecke „schlechter" als eine Mücke? Nein, selbstverständlich nicht. Dies wird erst dann klar, wenn man es *wirklich* nicht bewertend betrachtet.

Dinge zu bewerten ist menschlich und sehr stark persönlich gefärbt. Daran ist nichts Schlechtes, denn es dient den Menschen zur Orientierung. Vor allem jenen Menschen, die selbst noch nicht stabil sind und ihren eigenen Weg – entgegen ihren eigenen Behauptungen natürlich – noch nicht gefunden haben. Das ist ja gerade ein deutliches Zeichen dafür, dass man seinen Weg noch nicht gefunden hat.

Was einer am lautesten behauptet ist das, was er selbst am wenigsten umgesetzt hat. Also jener, der ständig behauptet, dass er nicht bewertet und alle anderen ununterbrochen darauf hinweist, dass sie bewerten würden, bewertet selbst am meisten von allen.

Es hat einen bestimmten Grund, dass wir hier sind, und dieser Grund ist mit Sicherheit nicht der, dass wir schon da wären, wo wir uns vormachen zu sein. Wir sind keineswegs weise, und schon gar noch nicht erwacht. Wir sind hier, um zu erwachen. Es liegt an uns, eine lichtvolle Zeit zu erschaffen, wir müssen es selbst tun und dürfen nicht warten, bis Gott oder andere Lichtwesen kommen und alles regeln. Das Einzige, was sie für uns tun ist, uns inspirieren, das Richtige zu tun, und uns ermutigen, damit wir es auch tun können.

Wir müssen erkennen, dass diese Welt so, wie sie ist, von uns gemacht wurde und kein anderer sie für uns wieder in Ordnung bringen wird. Ein Erwachen in ein neues lichtvolles Zeitalter geschieht nicht ohne unser Zutun. Schöne, salbungsvolle Worte genügen leider nicht. Die Raupe muss sich selbst aus dem Kokon befreien, und das ist kein leichter Akt.

„Der Weg zum Licht geht durch die Finsternis", oder, wie einer meiner Lehrer sagte, „Durch den Schmerz in die Freiheit".

Wir sind nicht Menschen, die eine spirituelle Erfahrung machen, sondern spirituelle Wesen, die eine menschliche Erfahrung machen.

Wayne W. Dyer

Sag, wo führt die Brücke hin?

Maris letzte Stunde war angebrochen. Mühsam atmend lag die alte Frau im Bett, jeder Atemzug war erkämpft, sie wusste, dass sie bald endgültig loslassen musste. Der Lebenskreis war dabei, sich zu schließen, und es war gut so. Alle ihre Lieben waren da und um sie versammelt. Angst hatte sie keine, schon oft hatte sie selbst geliebte Menschen und auch Tiere bis an den Beginn der Lichterbrücke, die in die andere Welt führt, begleitet. Alles war gesagt und getan, alle Liebe versiegelt in den Herzen, hineingeschrieben für die Ewigkeit. Es blieb nichts mehr zu tun, als zu gehen.

„Da ist sie endlich!", flüsterte Mari mit weit offenen, glückstrahlenden Augen. „Oh, sie ist so wunderschön! Die Brücke aus Licht, sie leuchtet, sie strahlt und funkelt!"

Ein immenser Rahmen, immer weiter werdend, aus dem hellsten Licht, aus flüssig gewordener Liebe, eröffnete sich ihr. Blitzend wie Edelsteine in allen Farben des Regenbogens kam das Licht näher und näher auf sie zu. Darin längst vergessene Gesichter, schemenhaft im Leuchten, klarer werdend bis hin zum glückseligen Erkennen.

„Sag, wo führt die Brücke hin?", fragte das kleinste Enkelkind staunend.

„Die Brücke führt zu mir, zu dir, zu allen, die wir lieben, und ins Land unserer Seele."

Christine Baumgartner

Literaturverzeichnis

Armin Risi: *Unsichtbare Welten*, Govinda-Verlag, 2017

Armin Risi: *Ihr seid Lichtwesen*, Govinda-Verlag, 2019

Beat Imhof: *Wie auf Erden so im Himmel,* Aquamarin Verlag, 2012

Warum und wozu sind wir auf der Erde?, Aquamarin Verlag 2015

Bernard Jakoby: *Begegnungen mit dem Jenseits,* Rowohlt Verlag, 2006

Bernard Jakoby: *Wir sterben nie*, Rowohlt Verlag, 2009

Bettina Suvi-Rode: *Von Libellen, Schmetterlingen und dem Tanz auf dem Regenbogen*, Ullstein Verlag, 2014

Eben Alexander: *Blick in die Ewigkeit*, Heyne Verlag, 2016

Eckhart Tolle: *Die neue Erde*, Arkana Verlag, 2015

Elisabeth Kübler-Ross: *Kinder und Tod*, Knaur Verlag, 2000

Gordon Smith: *Das Beste aus beiden Welten*, Allegria Verlag, 2015

Joanne Klink. *Früher, als ich groß war*, Aquamarin Verlag, 1998

Johann Nepomuk Maier: *Jenseits des Greifbaren*, GreatLife. Books, 2016

Johann Nepomuk Maier: *Illusion Tod*, Osiris Verlag, 2017

Masaru Emoto: *Die Botschaft des Wassers*, Koha Verlag, 2010

Michael Nahm: *Wenn die Dunkelheit ein Ende findet,* Crotona Verlag, 2012

Michael Newton: *Die Reisen der Seele*, Edition Astroterra, 1996

Michael Newton: *Die Abenteuer der Seelen*, Edition Astroterra, 2001

Neale Donald Walsch: *Ich bin das Licht – Die kleine Seele spricht mit Gott*, Hans- Nietsch-Verlag, 1999

Neale Donald Walsch: *Gespräche mit Gott*, Goldmann Verlag, 1999

Pim van Lommel: *Endloses Bewusstsein*, Walter Verlag, 2010

Raymond Moody: *Zusammen im Licht*, Arkana Verlag, 2011

Renate Greinert: *Unversehrt sterben,* Kösel-Verlag 2008

Robert A. Monroe: *Der zweite Körper*, Heyne Verlag, 2007

Rupert Spira: *Bewusstsein ist alles*, VAK Verlag, 2011

Wer sich tiefergehend mit dem Thema Weiterleben nach dem Tod beschäftigen möchte oder mediale Sitzungen für Jenseitskontakte mit seriösen Medien sucht, dem empfehle ich, Kontakt mit Sascha Pootmann aufzunehmen.

www.jenseitskontakte-ruhrgebiet.de

Sitzungen mit ausgewählten und absolut empfehlenswerten Medien werden nicht nur im Ruhrgebiet angeboten, sondern in ganz Deutschland und Wien. Außerdem gibt es dort Seminare zu verschiedenen spirituellen Themen.

Wenn du dich hingegen für eine Reise nach Bali zur Palmblattbibliothek interessierst, kann ich dir *Paul Schaffron* und sein Team ans Herz legen. Paul lebt seit Jahren auf Bali und vermittelt nicht nur Besuche bei verschiedenen Heilern und Brahmanen, sondern auch hervorragende Palmblattreadings. Er übersetzt das Reading vor Ort für dich auf Deutsch oder Englisch, und nimmt es auf, sodass du es nachher noch einmal in Ruhe verarbeiten kannst, und steht auch für alle Fragen rund um die Palmblattbibliothek und Bali zur Verfügung.

https://bali-indo-adventure.com

Über den Autor

Robert Baumgartner, Jahrgang 1955, ist Heilpraktiker für Psychotherapie und arbeitet seit vielen Jahren mit Patienten und Klienten im gesundheitlichen, energetischen und spirituellen Bereich.

Sein Interesse für Gott, Spiritualität, Religion und den Sinn und Zweck der menschlichen Existenz bestand schon seit seiner Jugend. Er befasste sich intensiv mit dem Christentum und den Weltreligionen, der Spiritualität und Medialität, und insbesondere mit dem Thema Tod und dem „Danach".

„Mein Ziel ist es, dir die Angst vor dem Tod zu nehmen, indem ich dir zu verstehen helfe, wie deine Seele und deine geistige Heimat beschaffen sein könnten. Ich glaube, dass wir eine ewige Identität haben, die aus einem Schöpfer geboren wurde und ewig ist. Allgemeingültige Wahrheiten kann und will ich hier nicht wiedergeben, denn die Wahrheit liegt im Auge des Betrachters."

Seit 2007 betreibt Robert zusammen mit seiner Frau Christine eine Naturheilpraxis in Erlangen.

www.naturheilpraxis-baumgartner.de

Buchempfehlungen

Silke Wagner

Ahnentango – Eintauchen in die Urkraft der Ahnen

248 Seiten, A5, broschiert

ISBN 978-3-95531-187-2

Ahnen – wir ahnen etwas!

Wie nah sich diese Worte doch sind!

Ahnenarbeit ist ein wichtiger Baustein, um im Leben vorwärtszukommen.

Unsere Vorfahren haben uns geprägt, aber wir haben vergessen, dass ihr Leben ein bedeutsamer Schlüssel für unser eigenes Leben ist. So tragen wir unter anderem unbewusste Ängste, Beziehungsmuster, finanzielle Probleme von unseren Ahnen auf unseren Schultern, die sich belastend auf uns und unseren Alltag auswirken können.

In „Ahnentango" vereinen sich zahlreiche, zum Teil sehr berührende, Fallbeispiele und Übungen aus der jahrelangen praktischen Arbeit der Autorin mit Ahnenaufstellungen, die zu zahlreichen AHA-Erlebnissen und einem bewussten Umgang mit diesem sensiblen Thema führen. Wir alle sind eingeladen, uns mit den Ahnen zu verbinden, Altes aufzulösen und unseren Frieden mit ihnen zu machen.

Bist du bereit?

Mit einem Vorwort von Martin Zoller!

Silke Wagner
Das 1x1 der Jenseitskontakte
136 Seiten, A5, broschiert
ISBN 978-3-95531-152-0

Jeder – ohne Ausnahme! – kann Jenseitskontakte herstellen.

Die Autorin gibt Übungen und Hilfestellung in ihrer Funktion als mediale Lehrerin und räumt mit Vorurteilen auf. Kontakt mit dem Jenseits ist weder unheimlich noch gefährlich, sondern uns mit der Geburt gegeben.

Die Geistige Welt hat bereitwillig die Tore geöffnet und die Schleier gelüftet. Sternenkinder, Abtreibung, Suizid sind nur einige Themen, zu denen die Autorin Stellung bezieht.

Dieses Buch spricht nicht nur Menschen an, die ihre Medialität weiterentwickeln wollen, sondern ist auch interessant für alle Skeptiker, Zweifler und besonders für diejenigen, die einen geliebten Menschen verloren haben.

Sabine Skala

Sterben und Werden

Erkenntnisse Verstorbener in den ersten sechs Wochen nach dem Tod

104 Seiten, A5, broschiert

ISBN 983-3-95531-126-1

Was geschieht mit uns nach dem irdischen Tod? Das ist wohl DIE Frage, die uns in unserem Dasein am meisten beschäftigt.

Oft geschehen seltsame Dinge vor und nach dem Tod, die sich die Hinterbliebenen nicht erklären können. Die Autorin, die mit den Seelen Verstorbener kommunizieren und bereits während des Sterbeprozesses Bilder und Informationen von ihnen empfangen kann, beschreibt einige davon und erklärt diese Phänomene. Viele Verstorbene haben Kontakt mit ihr aufgenommen, um Botschaften für die Hinterbliebenen und ihre Erfahrungen auf dem Weg ins Licht zu überbringen.

Sabine Skala: „Mein Anliegen ist es, allen Hinterbliebenen mit meinen Erkenntnissen Trost zu spenden in der schweren Zeit der Trauer."

Daniel Wellauer

Zum Sterben zu früh!

176 Seiten, A5, broschiert

ISBN 978-3-95531-181-0

Infolge einer schweren Virusinfektion verliert Gabriella Wellauer im Dezember 2015 das Bewusstsein und wird als Notfall in die Klinik eingeliefert, wo eine aggressive Form des Norovirus diagnostiziert wird, der in Folge das Gehirn angreift. Anfang Januar 2016 werden ihr keine Überlebenschancen mehr gegeben.

Der Ehemann beschreibt in beeindruckender Weise, was in dieser Zeit mit ihm geschieht, unter anderem, wie der Geist seiner Frau ihn berührt und er durch diesen, für ihn äußerst schwierigen Lebensabschnitt begleitet und getragen wird – von der Familie, Freunden und nicht zuletzt durch seine spirituellen Kreise. Offensichtlich wurde das (kollektive) Gebet um Heilung in der Geistigen Welt empfangen und erhört.

Am 12. Januar 2016 verkündet das Ärzteteam, dass das Gehirn der Patientin wieder vollständig normal arbeitet, es keine Infektionsherde mehr gibt und sie genesen wird. Die Ärzte sprechen von einem göttlichen Wunder, das sie so noch nie erlebt haben.

Leila Eleisa Ayach
Seelenverträge Band 2 und 3
168 Seiten, A5, broschiert
ISBN 978-3-941363-44-1

Band 2: Die Bedeutung des spirituellen Mentors auf dem Weg zum Erwachen

„Dieses Mal habt ihr Hilfe in Form eines menschlichen Mentors, der vor euch den Weg gegangen ist und um die Tücken und Herausforderungen des spirituellen Wegs, die Läuterungsprozesse und die Dunkelheit weiß, über die der Schleier des Vergessens bisher lag. Er begegnet euch zur rechten Zeit, wie es verabredet war, und er hilft euch zu erkennen, was Wirklichkeit und was Dualität ist."

Band 3: Jeshua und das Goldene Jerusalem

„Die Menschheit tritt ein in das Zeitalter des Goldenen Jerusalems, das symbolisch für den göttlich erwachten Menschen auf Erden steht. Es ist die Rückkehr des Menschen ins Paradies, in den Garten Eden. An dem Tag, an dem eine bestimmte Anzahl von Menschen weltweit erwacht ist, ist Lady Gaia geheilt. An diesem Tag habt ihr eine neue Erde und einen neuen Himmel."